Feng Shui para bebés

JOSÉ MANUEL CHICA CASASOLA

Feng Shui para bebés

grijalbo

FENG SHUI PARA BEBÉS

© 2000, José Manuel Chica Casasola

D.R. © 2000 por EDITORIAL GRIJALBO, S.A. de C.V.
(Grijalbo Mondadori)
Homero núm. 544,
Chapultepec Morales, 11570
Miguel Hidalgo, México, D.F.

ISBN 970-05-1202-9

IMPRESO EN MÉXICO

Para Eva
y los pequeños viajeros
que llegan misteriosamente a este
mundo.

A mis padres —Manolo y Marita, el Sol y la Tierra—,
por traerme a este sueño.

A Blanca, Elena e Isidoro, por tener siempre un
espacio para la ilusión y el desafío en sus
corazones, y por su apoyo y correcciones en el
proceso de escritura de este libro.

A Tzui, que vino del lugar de las sombras y los
sortilegios.

Y, sobre todo, a Miriam Martínez, a quien se le
ocurrió relacionar el feng shui con el ámbito
específico de los bebés y de quien he tenido en
todo momento su apoyo editorial.

Índice

Tercera parte. EL BEBÉ UTERINO

Introducción

El *feng shui* es una antigua disciplina, de origen oriental, dedicada a estimular la energía que fluye por el medio ambiente y la naturaleza con propósitos específicos en el desarrollo humano: promover la salud y el bienestar y favorecer diversos aspectos de la vida, como las relaciones afectivas, la creatividad, el autoconocimiento, la realización personal y la apertura a nuevas posibilidades relacionadas con el potencial individual o colectivo.

La visión del mundo que propone el feng shui se sostiene en tres preceptos básicos:

1. La realidad material tiene una contraparte: la energía.
2. El ser humano también tiene esta doble faceta y, por tanto, un campo energético propio.
3. La energía que fluye en el universo y los campos de energía individuales son fundamentalmente la misma energía y, por ende, están inervadas y relacionadas estrechamente entre sí.

Precisamente por medio de la energía, el feng shui puede intervenir en los acontecimientos, propiciando una vida más intensa y plena. Al igual que el organismo humano dispone de un antiguo sistema de flujos energéticos, conocidos como *meridianos de acupuntura*, el propio universo dispone de meridianos de mayor alcance. Y lo más asombroso es que ambos sistemas están fusionados estrechamente, de manera que en el feng shui la barrera entre individuo y medio ambiente no existe.

Cuando por medio del feng shui se hace alguna intervención en el entorno más inmediato (por ejemplo, en la casa), se puede cambiar la percepción y el propio curso de los acontecimientos. A lo largo de milenios, los antiguos sabios fueron incorporando conocimientos esenciales a esta disciplina para incrementar la vitalidad personal y, por tanto, también las oportunidades del cambio. En esencia, el secreto del feng shui es enlazarse cuidadosamente a la energía que fluye en el universo y dejar que llegue con plenitud a los meridianos de acupuntura a través de lo que nos rodea.

Para aplicar el feng shui moderno, se parte esencialmente de los espacios arquitectónicos en los que solemos pasar la mayor parte del día: la casa y los espacios de trabajo. Pero, esencialmente, el feng shui pretende reproducir en estos ambientes la circulación de la energía como lo hace en la naturaleza. En este libro, los lectores encontrarán las pautas esenciales para alcanzar este logro; además, este libro de feng shui profundiza en un tema específico: los bebés y los padres.

La obra que tienen en sus manos es un viaje simbólico por el universo de la energía. Este viaje empieza cuando surge el impulso en la pareja por concebir un hijo. Desde ese momento, el espacio se modifica en virtud de tal impulso: hay que dejar lugar al nuevo ser que llegará, tanto en la casa, como en el mundo interior, en los sentimientos y en los pensamientos.

En este volumen encontrarán técnicas, dinámicas y ejercicios que favorecerán en sí todo el proceso, desde antes de la concepción hasta el embarazo y los dos primeros años de vida del bebé.

Cabe señalar que el feng shui que proponemos parte inicialmente de la idea de facilitar ciertos cambios en casa y la habitación del bebé. Pero también trasciende en ellos, para llegar al espacio interior y personal, al mundo de los sentimientos y los pensamientos, donde finalmente deben producirse los efectos más benéficos de esta milenaria ciencia.

Por tanto, gran parte de las dinámicas expuestas en el libro se refieren al feng shui personal y a la oportunidad de incrementar la vitalidad y optar a las alternativas que acompañan a este crecimiento.

En el libro se hallarán cuatro partes, que reúnen diferentes materiales. En la *primera parte* se estudia la idea de la vivienda como un espacio circular e integrador, y se proponen técnicas para conseguirlo. Estas primeras regulaciones de feng shui son indispensables en todos los casos, para que la energía pueda circular y fluir con suavidad y plenitud.

En la *segunda parte*, el feng shui está orientado fundamentalmente a los padres y a la preparación previa a la concepción. Este feng shui relaciona la vivienda con el mundo interior de los padres. En esencia, se trata de vitalizar tanto la casa que recibirá al bebé como la energía de los padres con la que se concebirá. Es un trabajo emotivo que permite gran liberación personal.

En la *tercera parte*, el feng shui centra su atención en el bebé uterino y en los nueve meses de embarazo, y desarrolla la idea de que el nuevo ser tiene facultades plenas, aun en el útero, y que es posible llegar a establecer con él un diálogo emocional y favorecerlo en su evolución.

Finalmente, en la *cuarta parte*, el feng shui se aplica al bebé en sus primeros años de vida y a sus espacios inmediatos: la cuna en los primeros meses y su habitación después. Se presentan también los principales retos que acomete el pequeño y cómo puede el feng shui ayudar en sus logros.

Cada parte del libro posee en cierta forma su particularidad, aunque se presentan en una secuencia global que conlleva su lógica: una pareja que decide tener un hijo, se prepara para ello y mejora su entorno y su mundo emotivo, vive con plenitud el embarazo y los primeros años de la vida de su bebé.

Sin embargo, puede ocurrir que estén leyendo este libro cuando el bebé ya haya nacido y se encuentra en su cuna, o que ya esté en el vientre materno, con lo cual la secuencia del volumen no podrá aplicarse en el orden que se presenta.

En cualquier caso, las cuatro partes tienen un hilo conductor que es la historia de Pan Gu, un ser mitológico y una leyenda que los sabios antiguos usaron para explicar su visión del mundo. Este mito tiene un parecido asombroso a la pequeña historia de un bebé en sus primeros años de vida. Aunque pueden leer directamente la parte del libro que más les interese, les sugiero que rastreen las historias de Pan Gu entre sus páginas, para tener una visión global del proceso.

Sin embargo, posteriormente será necesaria una lectura más cuidadosa, pues en cada parte se detallan regulaciones de feng shui que deben aplicarse secuencialmente a la vivienda y la habitación del bebé, para obtener la armonía deseada y el mayor beneficio de esta antigua ciencia.

Las propuestas armonizadoras que encontrarán están abiertas a la creatividad e imaginación. No se trata simplemente de "decorar" la casa para tener una mejor sensación del espacio, o de aplicar de forma mecánica las orientaciones que aquí se exponen. A las regulaciones de feng shui les deben añadir su toque personal e intuitivo. Todo lo que hagan en la casa pretende armonizar el mundo interior de la pareja y el bebé, así como favorecer una comunicación plena entre padres e hijos, en la que no se excluyan los sentidos, las emociones y el simbolismo.

JOSÉ MANUEL CHICA
Barcelona, febrero del 2000

Primera parte
LA CASA-ÚTERO

Pan Gu

Pan Gu fue un gigante sobrenatural, cuya identidad no estaba definida nítidamente, traslapada entre las primeras formas humanas y animales. Los que soñaron con esta leyenda dicen que la cabeza de Pan Gu era la del ciervo y...

Pan Gu nació y creció dentro de un huevo con proporciones inimaginables. El huevo fue la forma que adoptó el universo cuando era antiguo, caótico y oscuro. En este huevo, el gigante fue gestado, vivió, se alimentó y fue fortaleciéndose. Pan Gu soñaba e imaginaba el mundo desde su esfera; pasó mucho tiempo así, aunque entonces no había forma de contar el tiempo. Cierto día, o mejor sería decir en un determinado momento, el gigante Pan Gu se despertó. Entumecido por el letargo, quiso desperezarse, pero había crecido tanto que rompió el huevo al estirar sus brazos y piernas con desenfado. Pan Gu había reunido tanta fuerza que con dicha acción propulsó los pedazos de la cáscara por el espacio sideral.

El gigante se asustó tremendamente, pues se dio cuenta de que había hecho estallar en pedazos la matriz cósmica que lo había albergado. Vio desde su asombro cómo de las partes más grandes y sólidas de la cáscara del huevo surgieron los planetas y los astros. Y vio también cómo la inmensa mancha azul profunda del Cielo era surcada por estelas de luz y color. Eran la energía y el dinamismo, que por primera vez viajaban extensas distancias persiguiendo los restos plateados del huevo.

La explosión que causó Pan Gu fue tan tremenda que todavía hoy el universo sigue expandiéndose, pero lo más fascinante de tal suceso fue que la energía y la materia, que dentro del huevo eran una mezcla tibia e indiferenciada, en el espacio sideral se escindieron en dos fuerzas, a las que los antiguos sabios llamaron el *Yin* y el *Yang*. El Yin es la fuerza material, contractiva y femenina, y el Yang la fuerza energética, expansiva y masculina.

Pan Gu, muy desconcertado por lo acaecido, se ocultó en un improvisado refugio de sombras y eclipses para observar cómo el Yin y el Yang se conocían. Sus primeros contactos fueron breves y a veces apasionados, episodios de confrontación y lucha, más por el mutuo desconocimiento que por alguna clase de malicia; en otras ocasiones, se unían en citas de amor infinito, animadas por la atracción y la curiosidad innata que la vida tiene por lo desconocido.

El Yin y el Yang, en sus amoríos y desavenencias, encontraron paulatinamente la manera de complementarse. Fue así como surgieron los primeros pasos de danza en el universo: los remolinos, tornados y espirales de polvo de los fragmentos más etéreos de la cáscara del huevo de Pan Gu. Y así nacieron los ciclos en los que el tiempo se encontró cómodo, y las dimensiones en las que el espacio estuvo a sus anchas. En ese sentido, el tiempo —que se identificó en el Yang— y el espacio —que se alió con el Yin—, en su juego de caricias y afectos, se embarazaron de planetas, cometas y estrellas, cada uno con su luz y su lugar en la cúpula celeste.

El gigante, que al desintegrarse el huevo había permanecido en uno de sus pedazos más inmensos, tuvo que aprender a mirar los rayos rojos de una nebulosa que más tarde se convertiría en el Sol, así como acostumbrarse a un clima cada vez más caluroso y excitante.

El pedazo de cáscara en el cual habitaba, al que llamó Tierra, también se vio forzado a cambiar: ruborizada la Tierra por el calor y las atrevidas insinuaciones del Sol, atrapada en la tracción y la rotación de la galaxia, debió someterse a severas dietas y cambios metabólicos para moldear su figura más adecuada: la redondez. El tiempo y la perseverancia hicieron que el Sol y el planeta redondo también encontraran su lugar, su ritmo y la distancia adecuada para disfrutarse mutuamente desde una tibia calidez.

Entonces Pan Gu decidió salir de su escondrijo e intentó mantenerse de pie y en equilibrio en su nuevo planeta, pues hasta entonces sólo había conocido la ingravidez. Temeroso el gigante de que las fuerzas que le dieron vida en el huevo, el Yin y el Yang originales, buscaran una pronta fusión y le regresaran al mundo oscuro e interior del que provenía, aposentó con firmeza sus pies en la Tierra y elevó sus manos hasta tocar el Cielo. La intención era distanciarlos: elevar el Cielo y alejarlo de la Tierra.

Debido a la fortaleza con que lo concibió el propio universo, al gigante le fue fácil empujar y seguir distanciando a sus padres naturales: la fuerza Yin hacia abajo, concentrándola en la Tierra, y la fuerza Yang hacia arriba, con el Sol, los planetas y las estrellas. Se dice que durante 18 millones de años, Pan Gu fue separando el Cielo de la Tierra. Durante milenios, el gigante triplicó su tamaño diariamente, pues ambas fuerzas, Yin y Yang, seguían nutriéndolo con su vitalidad; con la misma longitud que crecía Pan Gu cada día, se incrementaba la distancia entre su madre la Tierra y su padre el Cielo.

Durante esta titánica tarea, Pan Gu, tan gigante como curioso, también aventuró sus sentidos dentro de la dualidad y empezó a investigar. Ahí adentro encontró un abanico de intensidades y pulsiones, de juegos y equilibrios entre las fuerzas del Yin y el Yang. Después de mucho recorrer los abismos de esta polaridad, concluyó que había *cinco energías* esenciales, cinco grandes bandas o flujos de vitalidad que impulsaban y relacionaban cualquier situación o fenómeno existente: el viento, el fuego, el metal, el agua y la Tierra, donde gravitaban todas ellas. Cada uno de los cinco flujos unía y pegaba infinidad de cosas por su similitud, intensidad y resonancia energética, creando una extensa red de relaciones en el tiempo y el espacio.

Mientras viajaba en sueños distanciando el Cielo de la Tierra, Pan Gu iba acumulando en su cuerpo esas cinco energías. Paulatinamente las atesoró: en sus músculos y en el corazón conservó todas las formas sutiles del Yang, en su tejido conjuntivo acumuló la fuerza cálida del planeta, y en sus pulmones y esqueleto depositó las expresiones del Yin del cosmos.

Sin embargo, su tremenda mezcla de curiosidad y esfuerzo hizo que Pan Gu, sin darse cuenta, se fuera agotando lenta pero inexorablemente con el transcurrir de los milenios. Hasta que un día llegó a su lado la muerte para susurrarle una vieja canción. Entonces el gigante se percató de que su fin había llegado e hizo una maniobra inconcebible: antes de que su energía vital abandonase definitivamente su cuerpo y se difuminase en el cosmos, Pan Gu la concentró en las imágenes que había reunido en sus ensoñaciones y en los acontecimientos en los que el universo lo había involucrado. Fue lo último que hizo y puso tanto empeño que pudo crear el mundo natural como lo conocemos hoy día.

Dicen que su respiración se convirtió en el viento y las nubes; que su voz se volvió trueno; que su ojo izquierdo definió la nitidez del Sol y su ojo derecho la de la Luna; que de sus brazos y sus piernas nacieron las direcciones cardinales y las montañas; que de su piel y sus músculos germinaron los bosques, la hierba y las flores; que su sangre corrió por la superficie de la Tierra para formar los ríos, y de sus venas surgieron los caminos y senderos; que de su carne nacieron los campos de cultivo; que de su osamenta se crearon los minerales y las piedras preciosas; que del pelo emergieron más estrellas que crearon las constelaciones de nuestra galaxia, y que de las pulgas y los parásitos que habitaban en su cuerpo se multiplicaron los primeros parientes de los seres humanos que hoy habitamos en el mundo...

Pan Gu fue el primer ser que usó su intención para crear algo, y lo hizo con la energía que liberó con su muerte.

El segundo útero

El mito, los símbolos, las leyendas y los cuentos son el lenguaje del inconsciente y de los tiempos arcaicos...

El mito de Pan Gu se refiere al origen del universo y de la aparición de los primeros seres vivos en la Tierra.

Los seres que nacieron del cuerpo de Pan Gu, aquellos que nos precedieron, al parecer albergaron en su memoria genética gratos recuerdos de la vida del gigante en el huevo. Quizá por este motivo, casi como acto reflejo, empezaron a buscar la manera de poner límites a su entorno para sentirse recogidos y protegidos. Era por los recuerdos, o quizá quisieron contener la inmensa fuerza y el desafío del universo cuando su mirada se perdía en el horizonte y en la negrura del Cielo. Lo cierto es que los animales se cobijaron en los huecos de la tierra, de las rocas y de los árboles, y los seres humanos lo hicieron en cavernas o grutas.

Con el tiempo, aquellos primeros habitantes de la Tierra decidieron avanzar y sobrepasar los límites del entorno que les era propio y conocido; algunos se convirtieron en nómadas, en viajeros empujados por las carencias o por la curiosidad. Viajaban solos o en grupo, y parece que de esa manera los hombres y las mujeres en aquellos tiempos se extendieron por diferentes lugares de la Tierra.

Pero todos, antes de que cayera el Sol por el Poniente, buscaban cobijo y la protección de un entorno con límites definidos. Podía ser un paraje natural, una cueva o un relieve, un círculo de piedras en el suelo con un fuego en el centro, en fin, un entorno que propiciara la concavidad de un techo y sus paredes, y les hiciera sentir el reconfortante abrazo tanto de la Tierra como de sus elementos.

Después surgió la idea de construir refugios, con pieles de animales o ramas, así como fibras y tejidos vegetales. En cualquier caso, la humanidad, al igual que la gran mayoría de los animales, parecía que anhelaba el ambiente cálido del huevo de Pan Gu. Así surgieron las casas y desde entonces han sido indispensables para la vida.

Las casas modernas son menos umbrías y gélidas que las de nuestros antepasados. Tienen un asombroso diseño geométrico, materiales procesados y todo tipo de avances tecnológicos que muestran un gran recorrido imaginativo desde los primeros refugios de habitantes del planeta. Sin embargo, aquellos primeros descendientes del gigante fueron los pioneros en dar rienda suelta a la inventiva y a la capacidad no sólo para adaptarse a lo que encontraban, sino también para crear y diseñar construcciones.

Desde que Pan Gu escindió la energía tibia e indiferenciada del huevo en Yin y Yang, las exigencias de la vida también se duplicaron. Había que hacer frente a la noche y dejarse seducir por el universo onírico y original, pero también salir en presencia del Sol, en alerta permanente, a encontrar y luchar por los elementos necesarios para perpetuar la vida. Así, cabe decir que desde que se rompió el huevo, somos dobles, o que en cada uno de nosotros cohabita un ser de día y otro de noche.

La casa es el lugar por excelencia donde se desarrolla y se explaya nuestra faceta Yin, el ser de noche. En casa podemos modular la temperatura y las inclemencias del tiempo, en ella nos alimentamos; nos permite relajar la alerta y adentrarnos en el mundo de los sueños. Las paredes nos aíslan del exterior, la agitación, el bullicio o la incertidumbre de la ciudad. En casa vivimos con nuestra familia y nos visitan nuestros amigos; podemos dejar que dentro de sus paredes fluyan nuestros afectos y emociones, así como compartirlos. La casa es un espacio que no juzga y que nos permite ser sinceros y espontáneos, un territorio de libertad donde pueden guarecerse aspectos de la vida que la sociedad suele reprimir. Finalmente, la casa nos permite reagrupar la fuerza vital frente al cansancio o la enfermedad... Por todo ello, la casa en el feng shui se considera un espacio maternal y protector.

La casa es un útero, piénsese en ello. Lo fue la primera cueva que albergó a la gente: un lugar de sombras y oscuridad, que permitía el resguardo de la luz y el espacio abierto por un conducto de acceso, con un gran claustro o sala de reunión y encuentro entre semejantes que se enfrentaban al mundo exterior y desconocido. La casa moderna, salvando las distancias, sigue siendo un útero simbólico —el huevo de Pan Gu— donde nuestro Yin puede liberarse y nuestro Yang encuentra el relevo y el sosiego necesario tras diezmarse en la agitada vida moderna del día a día.

Feng shui elemental

En este momento, las aplicaciones de feng shui que se detallan a continuación pretenden ayudar a los lectores a hacer de su vivienda un buen útero. Por supuesto, es una tarea simbólica, pero ayudará a crear un entorno adecuado para la aventura que están a punto de emprender: tener un hijo.

En esta sección podremos identificar, neutralizar o armonizar diversos desequilibrios en la vivienda con el objetivo de crear un ambiente sano y resolver tanto los problemas derivados de las formas y circulación de la energía interior agresivas, como las influencias nocivas del subsuelo. Se trata de reunir los primeros elementos que ayuden a crear la sensación de armonía y bienestar en la vivienda.

La imagen que los lectores podrán usar para realizar esta regulación es crear un espacio de formas redondas y suaves con los elementos más sencillos que encontramos en una vivienda: objetos decorativos, plantas y reguladores de feng shui —que en muchos casos ustedes podrán construir.

Dicha regulación, al ser básica, resulta esencial para posteriores armonizaciones de feng shui que proponemos: el feng shui para los aspectos personales, para el bebé uterino y para el bebé en crecimiento.

La puerta principal

La puerta principal de la casa representa la relación con el mundo exterior y con la sociedad, así como la capacidad que tenemos para la extroversión y para la aceptación de los demás. Por ella entran nuestros sueños y anhelos, los amigos y la energía vital que hace respirar a la vivienda y, en consecuencia, a cada uno de nosotros. También es una abertura a nuevas posibilidades, como la de tener un hijo.

Por eso es muy importante que al traspasar la puerta nos encontremos en un ambiente receptivo y amigable, donde se pueda transitar fluidamente y sin impedimentos, donde todas las imágenes y símbolos decorativos revelen apertura y color. La primera sensación que encontramos detrás de una puerta es muy similar a cuando establecemos un diálogo con una persona y nos damos cuenta de si existe o no una posibilidad de apertura, confianza y relajación.

Es importante que la puerta de entrada se abra con facilidad, hacia el interior, y que descanse sobre una pared para no obstaculizar el paso; que no haya muebles grandes o una cantidad tal de objetos que coarten el movimiento y la fluidez. Si la puerta de entrada conduce a una pared frontal excesivamente cercana —creando una sensación de bloqueo o choque—, podrán crear un efecto de apertura con un cuadro que muestre un paisaje abierto, como si estuvieran ante una ventana; o también se podría colocar un espejo para aumentar la sensación de profundidad. Finalmente, el espacio inmediato al que se abre la puerta debe ser luminoso, ya sea por la propia luz natural o provisto de una potente luz artificial.

En general, las mejores orientaciones para una puerta principal son hacia el sur, el este o el sureste, ya que desde ahí fluye la energía naturalmente para dispersarse hacia el norte y el oeste. Como veremos más adelante, cada persona tiene una dirección personal más favorable, en cuyo caso la coincidencia de su propia dirección —o de sus direcciones complementarias— y la de la puerta de entrada pueden considerarse ventajosas.

Geometría de la vivienda

Estamos acostumbrados a ver y a transitar con facilidad a través de las formas y la arquitectura en el mundo moderno de una ciudad. Uno de los preceptos básicos del feng shui afirma que podemos percibir las formas —en la naturaleza y en la arquitectura— como una realidad sólida y concreta que caracteriza al espacio; pero también señala que, detrás de estos paisajes de formas diversas, coexiste una geometría invisible de tensiones y equilibrios que la energía propicia.

Aprender a ver a través de las formas la quietud o el dinamismo energético subyacente es uno de los requisitos para aplicar de manera correcta el feng shui. Las formas son recursos que permiten al feng shui estabilizar la energía y conducirla para armonizar los ambientes. Cada forma geométrica crea un patrón similar de comportamiento en la energía. Hay formas muy equilibradas que crean en la energía movimientos suaves y cálidos, propiciando una sensación de bienestar. Es el caso del cuadrado o del rectángulo, formas que se pueden aplicar tanto a la planta de una edificación como a sus frentes, los cuales no dejan de ser más que el rostro de los edificios.

También son formas óptimas el círculo, las cúpulas, las octagonales, las abovedadas y las ovaladas, aunque todas presentan mayor dificultad constructiva. Mientras que el cuadrado está relacionado directamente con la energía de la Tierra, todas las formas circulares simbolizan la energía celeste.

Las formas cuadradas, rectangulares, circulares, octagonales y ovaladas se consideran en feng shui geometría integradora. Si se establece nuevamente una relación simbólica entre la casa y el útero, verán que estas formas geométricas podrían albergar en su interior la pequeña esfera que el bebé crea en su posición fetal.

En cambio, en las formas triangulares, longitudinales o rectilíneas —cuyo efecto en la energía es su incitación al movimiento agitado— no encontramos la paz y la estabilidad que esperamos de una vivienda.

Además, si superponemos la esfera fetal sobre cualquiera de estas formas, veremos que no pueden integrarla: sería algo similar a lo que ocurre cuando el bebé siente en el vientre materno una presión por una posición incómoda y que le restringe su amigable espacio interior redondeado. Ocurre lo mismo con las formas asimétricas e irregulares, como una *L*, una *U*, una *T* u otras que no permiten esta simbiosis y que aceleran en exceso la energía, la estancan o la debilitan.

△ L U T △

Sin embargo, para el tejado se consideran favorables los trazados triangulares Yang de una o dos hojas, aunque procurando una inclinación poco pronunciada. El uso de formas triangulares en tejados tiene finalmente su sentido: es la parte del edificio diseñada para captar el Yang celeste.[1]

Según los preceptos del feng shui, es preferible evitar los pasillos largos y longitudinales, así como las alineaciones de puertas y ventanas, pues generan un efecto acelerador de la energía. Cuando estas alineaciones afectan lugares de permanencia prolongada, como un dormitorio, la sala de estar o un lugar de trabajo o estudio, deben corregirse con las técnicas de feng shui que se detallan más adelante.

[1] Hay tres formas que tienen una carga simbólica importante en feng shui: el cuadrado, que representa la energía terrestre; el círculo, la celeste; y el triángulo, que es la forma de la energía humana.

Al proponer formas integrales, simétricas y equilibradas, el feng shui pretende facilitar la circulación en espiral del Yin y el Yang, propiciando su suave fusión, evocando las primeras pautas organizadas que surgieron en el universo —las espirales y remolinos—, o incluso la doble hélice espiral del ADN, donde se hallan los secretos de la vida.

Las formas en el feng shui pueden referirse tanto a la planta general de la vivienda o edificación —o sea, es la manera en que la geometría establece su relación con la Tierra—, como a su frente y el tejado, que llegan a ser como el rostro del edificio y su relación con la vitalidad del entorno. También se refieren a las formas interiores de las distintas habitaciones y espacios, abarcando de este modo la totalidad de la vivienda.

El plano y las formas

A fin de aplicar con éxito el feng shui para bebés, necesitarán un plano de la planta de la casa. Si por alguna razón no disponen del plano, podrá ser divertido confeccionarlo en pareja. Es una buena manera de iniciar juntos esta aventura.

Para confeccionar un plano, sólo necesitarán una hoja cuadriculada y una cinta métrica. Al comenzar, podrán medir las paredes exteriores de la vivienda, es decir, aquellas que conforman la planta y la forma general. Luego tendrán que darle una medida a escala sobre el papel: por ejemplo, 2 centímetros sobre el papel por cada metro real de pared. Finalmente, se toman el resto de mediciones de las paredes interiores y se trasladan al papel. De esta manera tendrán el plano o croquis, el cual es un modelo que reproduce a pequeña escala las formas esenciales integrantes de su vivienda.

Ahora ya están en condiciones de llegar a conclusiones acerca de las formas al observar la planta general, el frente y los espacios interiores, usando el siguiente cuadro para ordenar metódicamente las observaciones sobre formas:

Formas	Planta	Frente	Tejado	Habitaciones
Cuadradas				
Rectangulares				
Redondas				
Irregulares				
Rectilíneas				

Armonizaciones para formas irregulares

Una vez completada la observación de las formas de la casa, deben concentrar su atención en las que son asimétricas e irregulares y en los trazados excesivamente longitudinales. La planta puede ser rectangular y equilibrada, pero es muy probable que en el interior haya una habitación en forma de L. O puede suceder que el edificio tenga su planta en forma de H, pero en su interior las habitaciones sean todas cuadradas o rectangulares. Por tanto, podemos tener combinaciones de formas diversas entre el interior y la planta o forma exterior.

El criterio para armonizar la vivienda consistirá en transformar una forma desfavorable o irregular en geométrica y equilibrada, como el cuadrado o el rectángulo. Para ello, necesitarán una nueva intención —como la que usó Pan Gu para crear la naturaleza—. Si tienen una casa en forma de L y pueden intervenir en el espacio exterior, será factible crear un rectángulo situando algún objeto útil o decorativo en el ángulo ausente, como un árbol, una roca grande, un bebedero para pájaros o un jardín. Pueden optar por lo que les parezca más simple y divertido, pero es muy importante que mientras buscan la manera de completar el ángulo ausente, exploren la nueva forma geométrica que pretenden crear imaginándola para presentir el efecto de los cambios, así como elegir la opción armonizadora que les resulte más agradable.

Si finalmente deciden armonizar el lugar plantando un árbol, podrán elegir además el árbol y la especie con la que sientan más afinidad. Encuentren un momento agradable como un amanecer o un día soleado para plantarlo —y también un buen momento personal de calma y

bienestar—. Ambos pueden colaborar en los preparativos, sintiendo y concentrando su imagen interior de la figura geométrica que desean construir en la acción —como lo hizo Pan Gu—. Finalmente, el árbol recibirá un cuidado especial, como el de un buen amigo, pues cumplirá una tarea esencial: armonizará la casa. Cualquier otra opción armonizadora que decidan deberá emprenderse con un espíritu similar.

Cuando no podemos intervenir en el exterior de la casa, como ocurre en los departamentos que integran un edificio, las armonizaciones deben realizarse con mayor atención, pero en el interior de la vivienda. Las habitaciones en forma de L pueden subdividirse con objetos que destaquen una nueva geometría: por ejemplo, de una forma en L se pueden sugerir dos espacios, uno cuadrado y otro rectangular. Las nuevas insinuaciones geométricas pueden establecerse con una situación cuidadosa de elementos cotidianos, como esculturas, objetos decorativos, plantas, cambios de color en la pared o cualquier otra acción imaginativa. Siempre resulta más efectiva la más simple y divertida que les parezca.

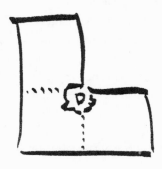

Armonizaciones para alineaciones

Los pasillos excesivamente largos y las alineaciones de aberturas —puertas y ventanas— provocan la aceleración violenta de la energía. Cuando quedan abiertas las puertas y las ventanas, podemos percibir fuertes corrientes de aire; pero aun cuando están cerradas, sigue existiendo un flujo de la energía: ondas de luz, sonidos o corrientes de temperatura se desplazan a través de ellas.

El efecto más desfavorable de una alineación de tal tipo puede estar en el dormitorio, cuando su trayecto pasa directamente sobre la cama o la cuna del bebé, y también en cualquier otro lugar donde pasen largos ratos trabajando, estudiando o descansando, porque con esta influencia el organismo pierde la vitalidad que emplea en adaptarse y protegerse.

Para aminorar la aceleración de la energía en las alineaciones entre aberturas, pueden usar plantas y colocarlas a un lado de la ventana o de la puerta. Su campo energético tiene un movimiento en espiral que afecta y modifica el flujo rectilíneo y veloz de la alineación. Si no es factible usar plantas, deberán recurrir a otros reguladores de feng shui, como los móviles o las campanillas de viento que se suspenden frente a las puertas o ventanas para disipar el trayecto longitudinal. Incluso pueden construir los reguladores con distintos materiales encontrados en la naturaleza o propicios para reciclar, ya que en este caso la armonización puede ser más eficaz: habrán concentrado su energía y sus imágenes equilibradas al construirlos.

Armonizaciones para ángulos y recodos

Cuando hay ángulos excesivamente salientes, picos o formas demasiado violentas o agresivas, se altera la circulación equilibrada de la energía. Para aminorar su efecto, pueden esconder las aristas bajo una tela, detrás de un objeto o una planta, o dibujar unas cenefas con trazos ondulantes. En el caso de los ángulos de la pared, son muy útiles las molduras redondeadas de madera. Cuando se trata de vigas que están excesivamente bajas y provocan una sensación incómoda sobre la cabeza, se pueden redondear sus ángulos, o tapar las vigas con una tela amplia o un recubrimiento de madera.

Los rincones o recodos que quedan excesivamente ocultos o aislados —como los formados cuando una puerta se abre y no se apoya en una pared o en los huecos que suelen quedar entre muebles y esquinas— hacen que la energía se estanque y se deteriore. Para evitar que suceda esto, pueden poner cerca una lámpara y quemar regularmente varillas de incienso. También pueden usar otras opciones decorativas, como situar objetos que les resulten agradables y que conviertan el rincón en un espacio con encanto.

Agresiones del entorno

Por lo general, es difícil influir en el entorno de las casas, sobre todo ante situaciones que nos sobrepasan, como una fábrica, vertidos tóxicos en el medio ambiente, grandes avenidas, ruidos excesivos, ángulos y vértices de otros edificios, tendidos eléctricos y sus campos electromagnéticos, antenas, frecuencias y microondas... La ciudad suele ser un medio hostil y difícil, alejado de la armonía que busca propiciar el feng shui.

Percibimos el entorno por medio de los sentidos, pero especialmente a través de la vista. Lo que vemos influye en nosotros y modifica nuestro estado anímico. Ver una situación dramática como un accidente puede incluso enfermarnos. Si buscamos la relación simbólica entre la casa y un ser humano, sus ojos serán las ventanas, que ponen en nuestro campo de visión los paisajes majestuosos del horizonte y los árboles del parque cercano; pero también muestran las imágenes desagradables, como una industria humeante, edificios demasiado angulosos, construcciones grises y abandonadas, tránsito... todo lo cual influye en nuestras emociones constantemente.

Es importante escoger qué mirará la casa con sus ojos-ventanas, porque al ver a través de ella ganarán o perderán su energía. Si es el caso y tienen varias ventanas desde donde no les son gratas las imágenes que perciben, podrán ocultarlas con una bonita cortina o instalar en la ventana cristales traslúcidos, evitando así que influyan en su estado anímico.

Si tienen un gran ventanal o una terraza donde en el campo de visión se mezcla lo agradable con lo ingrato —por ejemplo, una torre de alta tensión o una gran antena con una vista del barrio viejo de la ciudad—, podrán situar adecuadamente algunas plantas u otros objetos decorativos que hagan desaparecer de la vista aquello que no agrada, a la vez que realzan la belleza general de su panorama diario.

Cuando una ventana se abre hacia una vista fabulosa de un entorno natural o a algún aspecto muy grato de la ciudad, puede ser interesante atraer su imagen al interior de la casa de modo que se refleje en un espejo.[2] Si quieren poner cortinas, deberán usar telas que permitan intuir los rasgos de la belleza del paisaje exterior o que la realce.

---

[2] Siempre hay que usar los espejos para integrar o duplicar visiones gratas. Los espejos en general son un regulador polémico en feng shui, pues si no se utilizan correctamente, podrán causar trastornos más que beneficios.

Armonizar dormitorios

Si hay un lugar por excelencia que se asemeja al útero es el dormitorio: la oscuridad y las sombras, con el silencio o los sonidos muy atemperados... ese lugar donde muchas mañanas despertamos reproduciendo aquella primera posición fetal y ovalada, donde agrupamos la fuerza de la vida durante nueve meses.

En el dormitorio transcurre aproximadamente un tercio de la vida humana; además, será también el lugar donde el bebé pasará sus primeros meses y realizará sus descubrimientos iniciales. Si el dormitorio no tiene un buen equilibrio, el pequeño lo notará, al igual que ustedes, los padres, y tendrán que malgastar su vitalidad para adaptarse a dichos desequilibrios. Para evitar esta situación, hay cuatro recomendaciones generales que se deberían cumplir:

1. *Las direcciones generales más favorables para la calidad del sueño* son tres básicamente: la cabeza orientada hacia el Norte, hacia el Este o hacia el Noreste. Para determinar cualquiera de estas tres orientaciones, necesitarán una brújula, de modo que deben situarse en el centro del dormitorio con la brújula en la mano hasta que la aguja se estabilice. La punta roja de la aguja suele marcar el Norte, o sea, en la espalda tendrán el Sur, a la derecha el Este y a la izquierda el Oeste. Algunas brújulas tienen un disco en el cual están grabadas las cuatro direcciones y, por tanto, es muy fácil situar los puntos cardinales. El Norte se considera una dirección relajante y el Este tiene un influjo vitalizante —para recuperarse de una enfermedad.[3]
2. *Pared sólida en el cabezal.* De ser posible, esta pared no debe tener ninguna abertura —puerta o ventana—. Al dormir debajo de una ventana o de un gran ventanal, se está sometido a presiones sonoras, luminosas y de temperatura que alteran la calidad del sueño y no permiten una relajación profunda.

---

[3] Además de estas tres direcciones generales, existen direcciones personales que se explicarán en la cuarta parte y que pueden usarse también para dormir.

3. *Ver la puerta de acceso desde la cama*, pues por aquélla entra la vitalidad que fluye por la vivienda a cada habitación. De esta manera, se pondrán al alcance de la energía y se vitalizarán con mayor facilidad.

4. *La cama no debe estar en el trayecto de una alineación* entre puerta y ventana, u otras aberturas.

A la hora de la práctica no siempre es posible conciliar estos cuatro criterios —dirección favorable, pared sólida, contacto visual con la puerta de acceso, y protección sobre líneas de aceleración—. Si se encontraran en este caso, convendrá pensar en todas las opciones y escoger la que reúna más requisitos. Saben que se puede disminuir la presión de una línea de aceleración mediante móviles o plantas; también se puede crear una conexión visual con la puerta de acceso mediante un espejo bien situado; y una pared sólida será la opción antes que una dirección favorable, o en una pared con excesivas aberturas.

Otras sugerencias para armonizar el dormitorio son las siguientes:

- Evitar la presencia de radiodespertadores, teléfonos y equipos electrónicos cerca del cabezal o la pared contigua. Así se evitará la presencia de campos electromagnéticos que alteren el sueño y depriman el sistema inmunológico.
- En los dormitorios con acceso directo a un cuarto de baño se colocará una planta mediana a uno de los lados de su puerta, para evitar la fuga de energía.[4]
- Se debe prescindir de grandes espejos que reflejen la imagen de quienes duermen, pues deterioran la calidad del sueño.

---

[4] El cuarto de baño es un ambiente diseñado para canalizarse hacia el exterior a través de sus tuberías. También es un lugar propio para la limpieza y la higiene, así que resulta muy útil, pero al tener una abertura directa desde un dormitorio, también puede drenar la energía del bebé y la de ustedes durante las horas de sueño.

La energía telúrica

La energía circula por la biosfera y se canaliza por las formas y relieves del paisaje natural, la ciudad o la vivienda. Llega desde los ocho puntos cardinales y se adentra en la casa por aberturas como puertas y ventanas, así como por la porosidad de los materiales empleados en su construcción y decoración. Esta energía se halla influida en gran medida por los climas y la temperatura propia de cada una de las cuatro estaciones y, como verán más adelante, constituye una parte fundamental en la armonización con feng shui.

Sin embargo, en cada lugar hay otra fuerza o energía intensa y poderosa. Inicialmente el feng shui se denominó Kan Yu, que se podría traducir como "el vapor que sube de la Tierra", para señalar también la influencia de la geología y los materiales sedimentados sobre los cuales se edificó la casa. La energía de la Tierra es Yin, aunque en ciertas circunstancias puede irradiar frío o calor —por la presencia en el subsuelo de ciertos minerales, agua, calor y lava, fisuras, radiactividad, magnetismo y flujos energéticos.

Un desequilibrio en la energía telúrica puede mermar la energía sexual y generativa de los padres. Es esencial que la casa se asiente en una zona donde la energía telúrica esté equilibrada, sobre todo en aquellas habitaciones donde descansan, trabajan o permanecen por mucho tiempo. La energía de la Tierra posee una intensidad similar y constante, en la que los climas y los ciclos estacionales sólo tienen pequeños efectos. Cuando la energía telúrica está desequilibrada, es muy probable que tenga una influencia nociva durante todo el año, pues sus largos ciclos son de escasa oscilación, como todo en la profundidad del planeta. Su influencia ocurre en un eje vertical, proyectándose hacia la biosfera de acuerdo con ciertos flujos y redes energéticas.

Las influencias de la energía del subsuelo pueden agruparse en tres posibilidades:

- Exceso de Yin o frío telúrico, generalmente por influencia de agua en el subsuelo.
- Exceso de Yang o calor telúrico, generalmente en zonas fisuradas y con fallas (o zonas de cierta actividad volcánica).

- Energía templada, un buen equilibrio de Yin y Yang, siendo ésta la posibilidad más adecuada.

Para terminar esta primera armonización de feng shui en su hogar, es muy importante conocer la influencia de la energía telúrica, por lo menos en los dormitorios, ya que su desequilibrio podría tener consecuencias en el bebé:

- Una influencia excesiva de Yin retrasaría su crecimiento, mermaría su vitalidad y salud, le provocaría somnolencia excesiva y lo sumiría en gran apatía.
- Una influencia excesiva de Yang impediría que el bebé ganara peso y lo llevaría a un estado de agitación permanente y de insomnio.

Pueden reconocer que se encuentran ante una influencia de exceso de Yin porque aparecen o se agravan síntomas como los siguientes:

- Frío interior constante o frecuente.
- Ganas de orinar con mucha frecuencia, especialmente en la noche.
- Pesadillas con agua y miedo.
- Agotamiento, especialmente en las horas precedentes al despertar.
- Falta de vitalidad general.
- Estados depresivos, apatía y desinterés por la vida.
- Digestiones lentas y pesadas.
- Tez blanquecina pálida o mate.
- Ojeras.

Por el contrario, al dormir sobre una influencia Yang telúrica, podrían padecer varios de los síntomas siguientes:

- Fiebre.
- Sudoración nocturna.

- Insomnio.
- Pesadillas con violencia, agresiones o fuego.
- Cefaleas y presiones en las sienes.
- Vértigos.
- Taquicardia (aceleración de las pulsaciones del corazón).
- Inquietud y ansiedad.
- Cambios bruscos en el estado de ánimo.
- Pérdida de peso y adelgazamiento.
- Dificultad respiratoria.
- Dolores intermitentes y erráticos.

La influencia de la energía telúrica en los habitantes de una casa es de vital importancia, pues puede ser mucho más agresiva que las desarmonías de forma, vistas anteriormente. Asimismo, puede influir con mayor premura en el deterioro de la salud de los habitantes y del bebé en particular.

Método de detección de desequilibrios del subsuelo:
varillas de radiestesia

Se trata de construir dos varillas en forma de L con hilo de latón, bronce o cobre, o incluso con un alambre grueso. Las varillas se doblan en ángulo recto, de modo que la longitud sea de 40 cm en la extremidad larga y de 15 cm en la corta. Éste es un sencillo instrumento que permitirá leer el Yin y el Yang terrestre en su hogar.

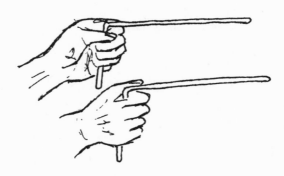

Cada mano sostiene una de las varillas por su extremo más corto, en tanto que los brazos deben estar en ángulo recto, pegados al cuerpo pero muy relajados, sin tensión. Las varillas se mantendrán separadas y casi paralelas al suelo, con una leve inclinación hacia abajo en la extremidad larga. Para conseguir esto, se deben realizar movimientos hacia arriba o hacia abajo de la muñeca. Tendrán que practicar un poco hasta familiarizarse con esta posición.

Cuando empiecen a detectar la energía telúrica, las varillas oscilarán con desplazamientos hacia el interior cruzándose, o hacia fuera distanciándose o quedándose paralelas. Las varillas deben sujetarse muy suavemente para no obstaculizar estos movimientos.[5]

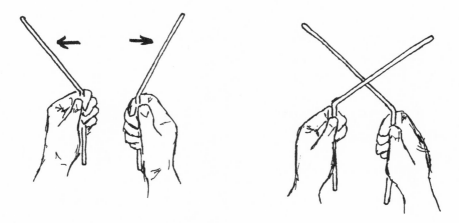

Cuando estén sobre una zona polarizada, las varillas tendrán desplazamientos debidos a los cambios en la tonalidad muscular con las que el cuerpo reacciona para adaptarse a la presión. Las varillas pueden presentar distintos movimientos:

[5] Es importante no desanimarse rápidamente. Hay personas que son muy sensibles y de inmediato perciben estas oscilaciones. Por lo demás, como todo, se debe insistir un poco y tomarlo casi como un juego. La radiestesia en un método de percepción utilizado desde tiempos remotos y que ha tenido aplicaciones tan importantes como la detección de pozos de agua. En la actualidad tiene aplicaciones incluso en el campo terapéutico.

- Cuando se cruzan hacia adentro muestran una contracción muscular, lo cual indica la presencia de Yin y Frío; así, cuanto mayor sea su contracción, mayor será la intensidad del Yin.
- Cuando se abren hacia fuera, indican una distensión muscular y la presencia de Yang y Calor.
- Si permanecen paralelas o ligeramente abiertas, indicarán los mejores lugares para la habitabilidad y el descanso.

Si en el lugar que ocupan para el descanso y el sueño las varillas permanecen paralelas o ligeramente abiertas, habrán concluido con éxito esta primera regulación de la vivienda y estarán a punto de continuar con el paso siguiente.

Si sospechan de una polarización Yin o Yang, tanto por la observación de síntomas como por la coincidencia de ambos en los movimientos hacia adentro o hacia fuera en las varillas, será necesario buscar zonas neutras en los dormitorios donde tengan opción para situar las camas. Cuando no sea posible, conviene dirigirse a un geoterapeuta —especialista en feng shui— para que realice una neutralización.[6]

Conclusión

Este conjunto de armonizaciones relativas a la geometría de la vivienda y a su circulación energética interior tiene su interés en la medida en que diariamente sufrimos pequeños impactos que nos obligan a adaptarnos. Resulta intrascendente si ocurre una vez, pero como en la vivienda pasamos largos ratos, esos impactos que por separado no tienen un valor significativo, proyectados en el tiempo son importantes, contraproducentes y desvitalizantes. Por otro lado, con una influencia equilibrada de la energía del subsuelo, se han sentado las bases para que haya un gran incremento de la vitalidad en la casa, y se está en condi-

---

[6] Para estos casos, el autor ha ideado una técnica de *geoacupuntura*, que combina aspectos avanzados del feng shui, la acupuntura y la geobiología, a la vez que permite neutralizar y modular las influencias energéticas del subsuelo.

ciones de seguir profundizando en las posibilidades del feng shui personal y para bebés. Las siguientes propuestas de armonización de feng shui
—que relacionan aspectos personales y emotivos de los habitantes—
son más intensas y profundas. Por eso resulta imprescindible haber resuelto estos desequilibrios de base, para que los siguientes movimientos
en la energía vital sean más armónicos y favorables.

Segunda parte
FENG SHUI PARA PAPÁS

De los sabios antiguos, la tortuga y el Kin Lin

Ver el flujo de energía

Hubo un misterioso sabio chino, llamado Shen Nung, que logró reunir un extraordinario conjunto de conocimientos en la observación paciente de la naturaleza. El hilo conductor de su filosofía decía que todas las formas de vida en el planeta —los animales, las plantas e incluso los minerales— formaban un flujo continuo de energía. Para el viejo sabio, la individualidad sólo era un efecto engañoso y nublado del pensamiento, pues, en esencia todas las cosas estaban unidas por el mismo soplo.

Sólo era cuestión de intensidad o de distintos matices, como los que crea el agua en el cauce del río; sólo era eso lo que hacía diferente a una piedra de una planta o a un animal de otro. Su leyenda todavía recuerda que Shen Nung había desentrañado un enorme control sobre su percepción, y podía situarse entre los linderos de distintas intensidades energéticas, donde se definían los *phylums* de las especies. La gente que lo conoció decía que el viejo era a la vez hombre y animal, y que a veces su cuerpo era como el del tigre...

El logro asombroso de Shen Nung fue ver fluir la energía —o el Chi— formando figuras abstractas, geométricas y cambiantes, imáge-

nes y símbolos como los que había visto Pan Gu en el universo en expansión. Al desarrollar la capacidad para percibir el Chi, Shen Nung
vio haces y fibras luminosas, que recorrían el cuerpo de los seres vivos,
unos filamentos vibrantes y coloridos que se extendían sin parangón,
difuminando su fluir hacia el infinito.

Esas fibras, que después se conocerían como los meridianos o canales de acupuntura, emanaban luz y sonido cada vez que Shen Nung
centraba la atención en ciertas zonas de su cuerpo. Entonces podía recordar y hacer consciente el contenido y la información que el universo
había depositado en aquellas fibras, que en última instancia animaban
la biología de los organismos.

Cada vez que Shen Nung despertaba algún meridiano, la luz se
agrupaba en el corazón como una envoltura vaporosa. A esta energía
vibrante la llamó *energía Shen* o *conciencia global de los acontecimientos*.
Por medio de la persistencia y la voluntad, este antiguo sabio logró explorar un sinfín de intensos estados de conciencia. Fue capaz de sublimar sus
sentidos y su percepción hasta el punto en que podía experimentar vivencias que de otro modo suceden sólo en condiciones extraordinarias,
como al nacer, al amar, al sufrir un accidente o al morir.

De esa manera, Shen Nung estableció también la relación que
existe entre el entorno y las personas por medio de la energía que fluye
incesantemente en ambas direcciones: de los meridianos hacia la naturaleza y el medio ambiente, y del universo hacia cada organismo en
particular, de forma que todo es sólo un flujo de energía, con intensidades distintas.

Ensueño en el río Lo

En los remotos tiempos del sabio Fu Shi ya se tenía un conocimiento
amplio de la dualidad energética. El Yang, al que se le veía como una
expresión del mitológico Dragón azul, era la energía que descendía
del Cielo y provenía del Sur, exhalando su fuego y su poder transforma-
dor tanto sobre la Tierra como sobre sus habitantes. El Yin, que también era la imagen del Tigre blanco, se movía entre los ríos y el fondo

de los valles, traía consigo el frío del Norte, contrayendo la vida a su paso y deteniendo el ritmo de los acontecimientos. El Yin y el Yang, el Dragón y el Tigre, eran las dos intensidades o latidos esenciales de la vida.

Ya se había observado que el Yin y el Yang eran muy inquietos y que, tras su separación original, permanecían en constante cambio, movimiento y transformación; además, cuando uno de ellos llegaba a su esplendor y agotamiento, surgía el otro para remplazarlo. Así se pudieron identificar ciclos y pautas regulares en la naturaleza y los movimientos celestes. Con el estudio de los ciclos del Yin y el Yang —y sus fuerzas internas o cinco energías—[1] se establecieron los primeros mapas del comportamiento regular de estas dos energías, de modo que se predijeron y anticiparon sus movimientos y al fin se tuvo la oportunidad de influir en ellas.

Al conocerse la regularidad en los ciclos del Yin y Yang y la cartografía detallada de cientos de canales y meridianos —tanto en el cuerpo humano como en el medio ambiente—, quedaron constituidos definitivamente los cimientos de la medicina tradicional china y el feng shui; además, se diseñaron diversas técnicas y estrategias para armonizar a los habitantes de determinado lugar por medio de su energía y Chi ambiental.

Sin embargo, Fu Shi realizó una aportación resolutiva a esta visión del mundo: el diagrama llamado *Pa Kua*. Cuenta la leyenda que hace miles de años, Fu Shi estaba sentado junto al río Lo cuando cerró sus ojos. En su mente pasaron imágenes fascinantes y secretos que había reunido mediante la observación, la meditación y la percepción acrecentada. La felicidad lo inundó, la misma con la que el río Lo jugaba en su piel con los reflejos dorados del sol y los suaves susurros de la brisa.

Cuando abrió los ojos, Fu Shi vio una tortuga que se acercaba a la orilla. Intrigado, observó que se esforzaba en salir del agua. Era una tortuga inmensa y bella que avanzaba pacientemente por la ribera lodosa,

---

[1] Se refiere a las cinco energías que encontró Pan Gu en la dualidad —Viento, Fuego, Tierra, Metal y Agua— y su presencia en las oscilaciones del día y la noche, así como durante las cuatro estaciones.

sin prisa, pero también sin pausa. Cuando el viejo y vital animal estuvo en tierra firme, resopló buscando un alivio a su esfuerzo. Después, con un movimiento sorpresivo encaró a su observador.

Fu Shi y la tortuga quedaron bastante cerca, hasta el punto en que sus miradas se adentraron una en la otra al grado de extraviarse. Fu Shi no supo si pasaron horas, días o segundos mientras vivió en los ojos del animal. Lo rescató de aquella oscuridad un escalofrío que le recorrió la espalda y lo devolvió al río Lo; sin embargo, Fu Shi tenía la certeza de haber encontrado en los ojos del legendario animal un tiempo arcaico, un lugar extrañamente misterioso y a la vez conocido. Entonces Fu Shi supo que se encontraba ante un presagio singular.

La tortuga se dispuso a regresar a la serpiente de agua azul que era el río Lo; pero, antes de desaparecer, se detuvo unos instantes para que Fu Shi pudiera apreciar los símbolos tallados en su caparazón. Mientras la tortuga aleteaba con gracia en la piel del río, Fu Shi, atónito, dibujó raudamente en el lodo de la ribera ocho símbolos o kuas que el viejo animal le mostraba.

La tortuga se sumergió nuevamente en el vientre del tiempo insondable, donde vivía. Fu Shi supo que el diagrama de los ocho kuas que tenía ante sí contenía la esencia de los acontecimientos del mundo: un mapa enigmático sobre la energía y sus equilibrios en el universo.

El unicornio

Con el tiempo, la gente había aprendido a leer en los kuas y creó un lenguaje simbólico.[2] Esto fue esencial para formar las bases de la cultura china; pero este impulso ilusionador inicial se perdió una época posterior. Llegó un tiempo de agotamiento e incertidumbre, cuando no se encontraban ideas y habilidades nuevas, cuando el mundo había perdido la calidez del Sol y la alegría por la vida. Fue un tiempo

---

[2] Se refiere al que surge de la duplicación de los kuas (8 × 8 = 64) cuando se formularon por primera vez los 64 míticos símbolos o hexagramas del I Ching, *El libro de los cambios.*

muy confuso, cuando nadie pudo hacer nada esencial por retornar al equilibrio y la ilusión perdida, ni siquiera mediante los símbolos de la tortuga.

Entonces llegó el Kin Lin, el unicornio de melena de león y hocico de dragón, mensajero de la sabiduría ancestral. Cuenta la leyenda que este caballo mágico galopó veloz e incansablemente entre las nubes con un mandato del universo. El Kin Lin buscaba a una persona especial que se cruzase en su camino y no detuvo su galopar hasta que encontró a Yu.

Yu era un legendario jefe chamán que vivía en las zonas remotas del oriente, entre la gente de su clan. El Kin Lin se le apareció arriba de una montaña escarpada y le mostró un segundo Pa Kua, un diagrama que las fuerzas del universo habían grabado en su piel con la radiante luz del antepasado Trueno.

El nuevo Pa Kua tenía una disposición diferente de los signos. Yu entendió que el Kin Lin provenía de los sueños del universo y tuvo la certeza de que en este segundo Pa Kua estaba la clave para el cambio que tanto necesitaba el mundo. Efectivamente, el nuevo diagrama contenía en sus sombras los conocimientos sobre la naturaleza de los cambios y la energía como fluye en el universo. Era el Pa Kua para atraer a la Tierra la fuerza del Dragón solar y la transformación.

Así, desde entonces la gente tuvo dos diagramas y la posibilidad de aquietar y acelerar los acontecimientos. Uno era el Pa Kua Yin, el de la tortuga del río Lo, el que contenía los secretos sobre la estabilidad y el equilibrio en el universo; el otro, el del unicornio, el Pa Kua Yang, el que enseñaba el movimiento y la transformación de la energía, lo que cambia y cómo cambia, la energía tal como fluye en el universo.

El Pa Kua Yin del cosmos había cumplido su acometido principal durante mucho tiempo, cuando las cosas tenían que configurarse y establecerse en el mundo. El Pa Kua Yang rige los acontecimientos del cambio y el tiempo en el que todavía vivimos...[3]

---

[3] En filosofía y medicina tradicional china, estos Pa Kuas Yin y Yang se conocen como del Cielo Anterior y del Cielo Posterior, respectivamente.

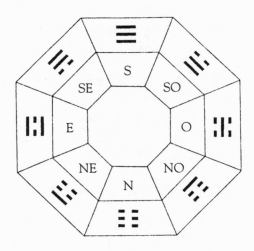

Pa Kua Yin

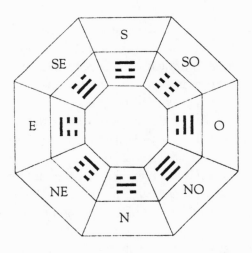

Pa Kua Yang

La esfera del Pa Kua

Los ocho kuas son imágenes constituidas por tres líneas, que pueden ser completas o discontinuas. Las líneas completas representan el principio Yang Celeste, mientras que las líneas quebradas representan el principio Yin receptivo de la Tierra. Cada kua tiene tres niveles: el inferior se refiere a la influencia de la energía de la Tierra, el superior a la energía del Cielo, y la línea que se sitúa en el intermedio representa la influencia del Cielo y la Tierra en la humanidad en un momento y lugar determinados. En cada nivel podemos encontrar invariablemente líneas Yin o Yang, pues ninguna naturaleza es absoluta e inamovible.

Cada uno de los kuas recibe un nombre simbólico relativo a su naturaleza y a la energía que representa, como sigue:

1. *La Tierra*. Simboliza la energía receptiva del planeta, el arquetipo maternal, la cooperación y la relación entre las personas.
2. *El Cielo*. Hace referencia a la energía creativa del universo, el principio paternal, el mundo interior simbólico y la solidaridad.

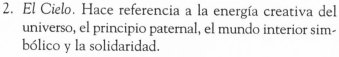

3. *El Fuego*. Se refiere a la energía transformadora y al conocimiento, así como a la capacidad para irradiar.

4. *El Agua*. Simboliza a la energía inconsciente, las potencialidades desconocidas, el viaje de la vida, el trabajo y el estudio como medios de realización.

5. *El Trueno*. Hace referencia a la sabiduría de los antepasados, la educación y la relación con los familiares.

6. *El Viento*. Simboliza la plenitud y la abundancia de vitalidad, la salud y la capacidad para obtener recursos.

7. *El Lago*. Se refiere a la creatividad, la calma, la alegría, la paz interior y la relación con los hijos.

8. *La Montaña*. Simboliza el conocimiento interior y el final de los ciclos, la intuición y la muerte.

En el Pa Kua Yang, el que trajo el Kin Lin —que aprenderemos a usar en este apartado—, la energía tiene un movimiento circular y sincronizado con las cuatro estaciones, y se representa en una figura octogonal orientada hacia los puntos cardinales:

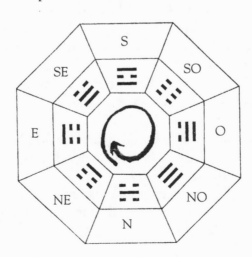

- *El Trueno* y *el Viento* ocupan, respectivamente, en el octágono las áreas del este y sureste. Son de energía Madera y alcanzan su potencial en Primavera.
- *El Fuego* ocupa el área sur del octágono, es la energía Fuego del Sol y llega a su pleno potencial en Verano.
- *La Tierra* ocupa el área del suroeste, y su tiempo pertenece a la última etapa de Verano.
- *El Lago* y *el Cielo*, respectivamente, ocupan las áreas del oeste y el noroeste del Pa Kua, unidos por la energía Metal y la estación de Otoño.
- *El Agua* tiene el área norte del octágono y es energía Agua y su estación es Invierno.
- *La Montaña* ocupa el área noreste y su energía también es de Tierra, pero su influencia está en el final del invierno.

Finalmente, el Pa Kua tiene un *Centro* o *Tai Chi*, que es el lugar de confluencia de los ocho kuas y el punto de máxima potencialidad.

Si desean tener una imagen más integral de lo que en realidad es el Pa Kua, podrán hacer el siguiente ejercicio de visualización, en el cual la figura octagonal se transformará en una esfera —la imagen del huevo donde vivió Pan Gu en el universo primitivo—. Esta esfera es en realidad su Pa Kua personal y cuerpo energético, que aproximadamente se expande hasta donde alcanzan sus manos con los brazos extendidos. Pueden leer los pasos siguientes y cerrar los ojos para imaginar y sentir el Pa Kua personal como sigue:

- En las proyecciones de su costado y hombro derechos hacia la esfera Pa Kua están las energías de Trueno y Viento, pulsando suavemente como la brisa verde y llenando el espacio con destellos de color verde y azul turquesa.
- En la parte superior de su esfera está la energía de Fuego, roja, cálida y ascendente, como una hoguera.
- A la altura del hombro izquierdo se halla la energía de Tierra, templadamente amarilla y anaranjada.

- A la izquierda de la esfera, a la altura del costado y la cadera, se encuentra la energía de Lago y de Cielo, que se contrae, fresca y plateada, alegre y melancólica a la vez.
- En la parte inferior, en los pies, la energía desciende como el Agua y se precipita en el abismo marino y en la oscuridad azul.
- En el espacio inferior derecho de la esfera, a la altura de la cadera y ligeramente hacia atrás, se halla la energía de Montaña amarilla y pálida, el final de los ciclos, la intuición...

Este Pa Kua personal está inervado por los *ocho meridianos antiguos*, canales que se extienden desde el cuerpo hasta el medio ambiente y de ahí hacia el infinito. La energía va y viene por ellos, viajando desde el espacio íntimo hasta el espacio impersonal y viceversa, a menos que lo impida alguna circunstancia. De este modo, la esfera Pa Kua se relaciona con los acontecimientos que nos suceden, creando el flujo continuo que mencionaba Shen Nung.

Los árboles, el aire y el sol, la humedad de la Tierra, el frío, los relieves del paisaje, las personas que nos rodean, el mundo y los lugares que habitamos, los sonidos y las imágenes... son las tonalidades y matices de ese flujo continuo de vida, la energía que entra y sale en el Pa Kua personal, porque la energía es curiosa y exploradora, como nosotros.

Una pequeña parte de esa energía vital la empleamos en el desarrollo de nuestras vidas, en los quehaceres cotidianos, pero su inmensa plenitud permanece latente y desconocida; el feng shui propone hacernos conscientes de dicha energía vital acumulada y de sus posibilidades, así como rescatarla paulatinamente de la oscuridad inconsciente y traerla a nuestras vidas para llenarlas de plenitud, intensidad y felicidad.

Las puertas del viaje interior

Una vez conocidos los orígenes y significados esenciales del octágono Pa Kua y sus símbolos, ya están preparados para aplicarlos en su hogar. El feng shui es una forma de mirar el mundo que permite intuir la energía en sus ocho expresiones esenciales, acrecentando el vínculo que nos une a ellas. El Pa Kua es el mapa que nos permite organizar la búsqueda de esas ocho energías y emplearlas en propósitos más específicos.

El objetivo de la siguiente técnica de feng shui —que combina aspectos individuales y de pareja— es simplificar la vida, desestimar lo superfluo y reconocer y solucionar limitaciones. Es un viaje simbólico a través de los paisajes interiores en busca de mayor armonía personal. Esta segunda regulación del feng shui se vuelve más profunda y audaz: la casa es un medio para llegar al interior de cada uno de ustedes. En definitiva, es un reto de búsqueda interior, en el que siempre existe la posibilidad de encontrar sabiduría y de resolver conflictos latentes. Pero sobre todo es una revisión profunda que los padres hacen para no transferir desequilibrios o bloqueos propios a su futuro bebé.

En ese viaje, los kuas son las puertas que les conducen a diferentes aspectos de su mundo interior, lugares que conocieron cuando eran bebés o a lo largo de sus vidas, aunque quizá los hayan olvidado o hace ya mucho tiempo que no los visitan. Cada puerta o kua tendrá pruebas y desafíos —como en los cuentos y leyendas— que, al comprenderlos y enfrentarlos, les regalarán la llave hacia la puerta siguiente y a mayor plenitud.

Al completar el viaje por las ocho puertas kuas, entonces podrán tener una visión más amplia de los orígenes, de dónde salen y a dónde entran, consolidando una posición más sólida en el mundo y un compromiso más intenso. Pero, sobre todo, podrán aspirar a emprender la aventura de tener hijos estando mejor consigo mismos y con quienes los rodean.

Para este viaje simbólico necesitarán lo siguiente:

- La brújula, para orientarse.
- El plano de la vivienda, para marcar las ocho áreas.
- Una libreta de observaciones, para anotar o dibujar todos los descubrimientos importantes del viaje.
- El Pa Kua Yang del Kin Lin, que permitirá definir las áreas (pág. 60).
- Una gran decisión y audacia para empezar esta aventura.

El corazón del lugar

La primera tarea práctica que deben llevar a cabo consiste en sobreponer el Pa Kua al plano de su casa para reconocer las ocho áreas o puertas en la vivienda. Para ello, hay que saber localizar el *Centro* de la casa, el nódulo energético donde se encuentran y unen las energías de los ocho kuas y direcciones.

Ya conocen la importancia de la geometría equilibrada en el feng shui, para favorecer los movimientos suaves y armónicos de la energía. Si retoman el plano de su casa, observarán nuevamente la forma de la planta, si es equilibrada y simétrica, como lo sería una base cuadrada o rectangular. Para hallar el Centro energético, trazaremos dos diagonales que unan las esquinas opuestas de la casa. El Centro estará donde confluyen las diagonales.

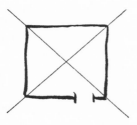 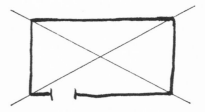

Para encontrar el Centro de una casa con planta irregular, hay que hacer un paso intermedio: deben sobreponer imaginariamente a la planta un cuadrado o un rectángulo, para trazar las diagonales y su centro. Se precisa un poco de intuición para encontrar la simetría, pero, como se ve en los ejemplos siguientes, no es tan complicado y lo lograrán fácilmente.

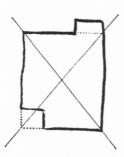 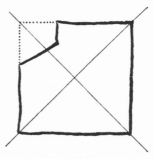

El feng shui es una forma de sentir la presencia en el mundo y de estar en él. Por ello, una vez que hayan localizado el centro vital de su vivienda —el corazón es su casa y el espacio personal—, dediquen unos instantes para sentirlo. Permanezcan un tiempo en él, en silencio, en la oscuridad o en la noche, cuando haya menos perturbaciones. Escuchen el latido de su casa y las emociones y sensaciones que les despiertan...

Las ocho puertas

Volvamos al plano sobre la mesa. Ahora deberán hacer coincidir el plano con la disposición general de la vivienda, hasta que sean iguales las orientaciones de ambos. Una vez igualados, puede ser útil fijar el plano en la mesa con cinta adhesiva para trabajar con confianza sin que se mueva.

También necesitarán el diagrama Pa Kua. Para que sea más fácil, pueden sacar una fotocopia sobre papel de transparencia, de manera que les permita sobreponerlo al plano y desplazarlo con facilidad sobre él. Hay que hacer coincidir el punto central del Pa Kua con el corazón o centro de la casa. Después, con la brújula situada en el centro del octágono, hagan girar las áreas sobre el plano hasta que cada kua coincida con la dirección que le pertenece:

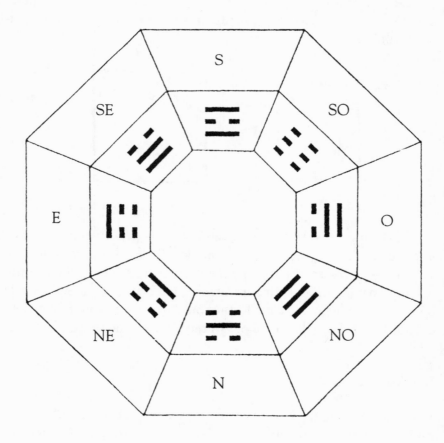

- Sur con Fuego
- Norte con Agua
- Este con Trueno
- Oeste con Lago
- Noreste con Montaña
- Sureste con Viento
- Sudoeste con Tierra
- Noroeste con Cielo

Cuando el Pa Kua esté alineado perfectamente sobre el plano, se podrá fijar también con cinta adhesiva y terminar de proyectar las áreas en la casa, trazando las diferentes líneas sobre el plano.

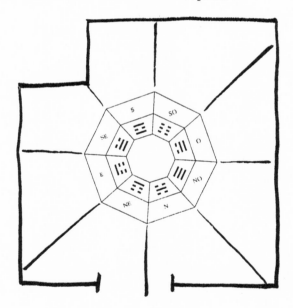

Ausencias y proyecciones

Una primera observación, relacionada con las formas irregulares de la casa, consiste en comprobar si hay áreas faltantes o ausentes, así como zonas sobredimensionadas o proyecciones:

1. Una forma irregular puede dificultar el flujo de energía entre sus habitantes y el entorno, al debilitar su relación con los meridianos antiguos y sus direcciones, afectando así aspectos emocionales, psicológicos, habilidades y recursos relacionados con el kua ausente.
2. Una figura irregular también puede proyectar o engrandecer las áreas. En este caso, algunos meridianos serán preponderantes y podrán causar problemas de exceso relacionados con el kua magnificado.

Deben anotar en su libreta de observaciones si existen áreas ausentes o proyecciones, para tenerlas en cuenta cuando se realicen las armonizaciones de cada área. Cuando tengamos que trabajar en el ejercicio del Viaje simbólico con un área ausente o inexistente, nos centraremos en los temas relacionados con el kua y armonizaremos el área en el espacio de la vivienda más afín al kua —independientemente del lugar y la orientación en que se encuentren en la casa—, como sigue:

- Viento y Trueno se armonizarán en la sala de estar
- Fuego y Tierra se representarán en la cocina
- Lago y Cielo se tonificarán en la sala de estudio
- Agua y Montaña se representarán en el dormitorio

El tiempo pulsante

Realizar el viaje simbólico de feng shui puede llevar varias semanas o incluso meses. En esencia, consiste en revisar detalladamente los aspectos que conforman cada área de la casa: objetos, símbolos, recuerdos, colores, mobiliario, funcionalidad, temperatura, luz, memorias, sensaciones...

Dicha revisión tiene el propósito de simplificar la vida rememorando el pasado y liberando la energía contenida, bloqueada o estancada tanto en las áreas de la vivienda como en el propio mundo interior. Esto produce un desbloqueo y permite restablecer el vínculo con los kuas y meridianos antiguos, con lo cual genera mayores posibilidades.

Además, si pueden realizarlo en pareja, fortalecerá la compenetración, la solidaridad y el entendimiento.

La armonización de las ocho áreas debe tener una secuencia, un ritmo y un pulso cronológico. El tiempo dedicado al trabajo de cada área debe ser similar, para crear un movimiento cíclico y sincronizado de la energía liberada y para favorecer paulatinamente su asimilación. La secuencia más recomendada es un área por una semana. Se puede dedicar como mínimo una hora por día y un trabajo más intensivo los fines de semana.

Sin embargo, también pueden ser ciclos más breves: tres días por área, o más extensos: nueve, 12 o 14 días por área. Es importante decidir cuál será el ritmo más adecuado y práctico según las condiciones de cada pareja; pero, en especial, es importante tomarse todo el tiempo y la intención necesarios para realizar el viaje interior con éxito y conocimiento.

Visualizar los kuas

Visualizar los kuas puede ser la manera de abrirnos a nuestro inconsciente. Los kuas son puertas y una de éstas es una transición de un lugar del que se sale a otro en el que se entra. Los kuas son puertas hacia el universo de la energía, pero también hacia el mundo inconsciente, hacia los símbolos, los mitos y los arquetipos.

Al visualizar los kuas, los trigramas tienen un impacto similar al que produce una aguja de acupuntura sobre los meridianos. Las líneas ordenadas con principios y posiciones entre el Yin y el Yang pasan y activan el universo interior, liberando su energía, significado, potencialidades y transformaciones.

Por ello, antes de revisar cada área, encontrarán su símbolo kua para visualizarlo. Podrán dibujarlo y tenerlo a la mano durante el tiempo que trabajen el área: en la mesita de noche o en la pared frente a su cama —para verlo antes de dormir y al despertar— el tiempo que consideren necesario.[1]

---

[1] La realización de las técnicas y ejercicios de feng shui deben aplicarse siempre con criterios flexibles, de manera que un día la meditación sobre un kua puede durar decenas de minutos, y en otras ocasiones ser sólo una mirada fugaz.

Durante la visualización es usual que fluyan imágenes del mundo interior; podrán dejar que lleguen hasta observarlas sin pensar o especular demasiado sobre su significado conceptual.

La visualización y la imaginería de los kuas pueden ayudar a abrir cada una de las ocho puertas interiores y permitir pensar con imágenes y símbolos.[2] Para los antiguos sabios era la manera más eficaz de pensamiento porque lograba integrar la mente y el cuerpo, el pensamiento y el sentimiento.

Simplificar y vaciar las áreas

Para que las puertas de los kuas liberen su energía y conocimiento, es necesario saber crear con anterioridad el vacío en las áreas. El vacío en feng shui tiene la finalidad de simplificar la manera de estar en la vida para que los ocho kuas se activen y nos relacionen con la amplia gama de posibilidades y experiencias que depara. Para ello, es importante revisar metódicamente todo lo que hay en las distintas áreas de su casa. Especialmente busquen objetos que se acumulan a su alrededor y que no tienen un sentido específico en este momento de su vida.

En las casas hay infinidad de objetos sin un sentido práctico o lúdico, como los siguientes:

- Objetos de consumo que son producto de una sociedad derrochadora hasta los límites como la actual.
- Objetos a los que nos apegamos y reafirman nuestra identidad —aunque muy precariamente.
- Objetos que se ocultan en los cajones, armarios, trasteros o desvanes, formando graves bloqueos y trastornos y que podrían simbolizarse como el "inconsciente de la casa".

[2] La escritura china es simbólica y se inició con los pictogramas; intenta dejar un impacto sensitivo al trasmitir el concepto no sólo como una idea, sino también como una emoción, como lo que puede suceder al ver un cuadro o una fotografía.

Afortunadamente, también hay objetos que ayudan y facilitan tanto el trabajo como la vida, y otros que nos agradan y vitalizan. Desde luego, todos ellos tienen un sentido y permiten crear armonía y bienestar. Aun así, lo cierto es que demasiados objetos ocupan espacio en las áreas del Pa Kua, obstaculizan el fluir natural de la energía y limitan la plenitud y las oportunidades en la vida.

Crear el vacío es reiniciar las cosas. Los sabios antiguos llamaban *Tao* a ese vacío, el camino de la naturaleza. El vacío es el flanco activo del universo. Cuando el espacio está libre y despejado —al igual que una mente no presionada— podemos imaginar y recrear el mundo. Cuando el espacio o la mente están saturados o bloqueados, cualquier acción resulta burda y extenuante. Para crear el vacío necesitan lo siguiente:

1. *Elaborar la lista de objetos del área kua.*
   - Deben contar con una lista de los objetos que tienen en el área kua que les corresponde revisar en esa semana —desde una fotografía o una carta guardadas celosamente en el armario hasta los objetos decorativos y el mobiliario—. Los kuas llevan una secuencia, así que la primera área para trabajar la lista debe ser la de Trueno. En la lista anotaremos lo que encontramos y ciertas observaciones complementarias —que en seguida se detallarán—. Debemos realizar esta revisión con la curiosidad de un niño que, intrigado, descubre los secretos que lo rodean, aquello que está en la parte silenciosa de los objetos.
   - En el trabajo también habrá que dedicar atención a localizar objetos y recuerdos simbólicamente unidos a la energía del kua, pero que pueden encontrarse en otras áreas de la casa, los cuales se detallarán en cada kua.

Al tocar cada objeto, deben estar especialmente receptivos, para observar las sensaciones y emociones internas que se generan: alegría, tristeza, indiferencia, sorpresa, temor, tensión, crispación, calidez, añoranza, miedo... Obviamente, las evocarán los objetos más personales que les remitirán a momentos especialmente intensos de su vida.

2. La *respiración emocional*, en la que se resolverán las emociones conflictivas asociadas a algunos objetos personales.

La respiración emocional es una técnica que permite aprovechar el movimiento natural de los pulmones para incorporar oxígeno y energía, pero también para librarse del dióxido de carbono y los bloqueos emocionales. Es una técnica muy sencilla que combina lo siguiente:

- Respiraciones dinámicas y espontáneas
- Relajación y aceptación de las sensaciones y sentimientos emergentes

El principio es sencillo y consiste en lo que sigue:

1. No luchar u oponerse a los sentimientos que llegan del mundo interior y que son estimulados por el contacto con el objeto en cuestión, al remitirles a un tiempo y espacio determinados de su historia personal. Pueden tener el objeto delante, tocarlo o verlo para facilitar esta experiencia emotiva.
2. Relajarse —no ofrecer resistencia a los sentimientos emergentes— mientras respiran profunda y espontáneamente, como se los propone su cuerpo —puede ser un ritmo rápido o lento, superficial o profundo, quizá quieran ponerle un sonido, llorar o reír...—. Al exhalar, deben permitir que las emociones contenidas fluyan hacia el exterior. Al inhalar, la energía podrá fluir hacia el mundo interior por los meridianos desbloqueados y así podrán cerrar temas emocionales.[3]

Nota importante: debido al carácter interior, vivencial y emotivo del viaje simbólico, es preciso realizarlo antes del embarazo, pues el bebé

[3] Si algunos objetos los precipitan en emociones demasiado intensas que no quieran experimentar en ese momento, podrán dejarlo para más adelante y seguir con los demás. Cuando el trabajo en otras áreas les aporte una sensación de mayor plenitud y confianza, podrán retomar el objeto y liberar las emociones bloqueadas.

intrauterino tiene la capacidad para sentir directamente las emociones de la madre y de la gente que lo rodea, lo cual podría perjudicar su desarrollo. Si no resulta factible hacer esto con anterioridad, es preferible realizar la parte del ejercicio relacionada con la respiración y los objetos emocionales después del nacimiento del bebé, aunque se recomienda hacer el vaciado de las áreas, su armonización y la potenciación de la energía específica de cada una de las ocho grandes direcciones.

Abrir la puerta

Finalmente, conviene concretar algo sobre el sentido metafórico de abrir la puerta del kua. La puerta es una abertura y puede abrir hacia el interior, hacia el exterior o hacia ambos sentidos. Para abrir la puerta, primero se debe despejar el camino que conduce a ella: es lo que llamamos *volver al vacío*.

Abrir la puerta simboliza que la percepción y la comprensión de las cosas se abren. Puede consistir en comprender mejor uno mismo el mundo que nos rodea o las regiones más fascinantes y mitológicas de la mente. No se puede predecir con exactitud qué puerta se abrirá, cuándo y hacia qué experiencia nos adentra el paso por cada umbral. En muchas ocasiones, el feng shui nos pone en contacto con la naturaleza misteriosa de la vida, pero, de cualquier manera, son experiencias propias que están en nosotros y en la vida. La puerta nunca se abre del todo; es más, pueden empujarla hasta donde quieran, avanzar o incluso retroceder. A veces encontrarán recuerdos y paisajes indescriptibles y maravillosos; pero no se preocupen: en cualquier caso, la puerta también puede abrirse en el mundo cotidiano, para desarrollar nuevas capacidades, crear recursos que permitan realizar sus sueños y anhelos, etc. Uno mismo es quien decide.

Para abrir la puerta, también necesitan la intuición. Puede ser que comprendamos algo caminando por la calle al ver el color de una manzana. Quizá, una vez reconocido que tenemos una emoción reprimida con cierta persona, reaparezca en los próximos días y permita acercarse y sanar "la herida". Puede ser que en el metro o en la montaña surja la imagen que nos facilite reinventar nuestro mundo... Pero en todo caso, en el tiempo que dura este proceso del Viaje simbólico y personal, las posibilidades dependen de ustedes, siempre dependerán de sus decisiones y actos. Eso es lo que llamamos *abrir la puerta*.

Los ocho pasos para abrir los kuas

Recordemos los ocho pasos esenciales para trabajar en cada área de la casa y permitir que la energía de cada kua se potencie:

1. *Visualizar durante la semana el kua correspondiente.*
2. *Reconocer sobre el plano el área del kua en la casa.* Esto corresponderá a una de las ocho áreas que anteriormente se detallaron sobre el plano.
3. *Elaborar la lista de objetos que se encuentran en el área.* La lista del área se debe realizar en un estado de mucha sensibilidad, para detectar las emociones vinculadas con algunos de los objetos que encontrarán. Estos datos sensitivos deben anotarse en la lista.
4. *Localizar objetos simbólicos del kua en otras áreas de la casa.* Se trata de encontrar objetos en la casa relacionados con cada una de las ocho temáticas de cada kua.
5. *Despejar y vaciar el área kua.* Despréndanse de aquello que no sea útil o práctico, o que no tenga un beneficio particular o lúdico. Pueden darlo, deshacerse de él o venderlo, pero es imprescindible ganar ese espacio, que estanca y debilita el víncu-

lo con la energía del kua del área. No incluyan aquí aquellos objetos que hayan generado emociones conflictivas o gratificantes y que tendrán un tratamiento diferente, como veremos.

6. *Practicar la respiración emocional.* Esta técnica se aplicará únicamente con aquellos objetos que, mediante la observación atenta del área y la vivienda, les hayan creado sentimientos y emociones intensas.

7. *Armonizar el área.* En cada área se les propondrán medidas encaminadas a potenciar la energía del kua, según las leyes de las cinco energías.

8. *Potenciar el kua interior.* Se les presentarán ejercicios complementarios encaminados a armonizar su mundo interior relacionado con cada kua.

El trabajo secuencial en las ocho áreas debe preservar el orden con que se presentan los kuas seguidamente:

- Trueno
- Viento
- Fuego
- Tierra
- Lago
- Cielo
- Agua
- Montaña

Las áreas kuas

El área de Trueno

El Kua de los Antepasados y la Familia

El Este

El área de Trueno pertenece al movimiento Madera. Su energía llega del Este y es vital en los primeros indicios de la Primavera. Su color es el verde, que se torna brillante y despierta en la naturaleza. La esencia del Trueno está presente cada día en los primeros rayos del sol.

Su movimiento es veloz como el del Kin Lin o el Dragón, como el rayo y el trueno que desde el cielo se adentran en la Tierra para fecundar las simientes. Es la energía portadora de la herencia, el *phylum* de la humanidad y herencia familiar.

Por eso se hace referencia a este kua como la energía y el conocimiento de los antepasados. El Kua de Trueno es la unión con los abuelos, los progenitores, los maestros y, en general, con aquellas personas que nos educaron y trasmitieron conocimientos esenciales, así como con aquellos que ejercieron o ejercen autoridad sobre nosotros.

El Trueno también representa la capacidad para renacer, para reinventarse, para imaginar una nueva situación o un nuevo escenario donde vivir. Cuando se enlacen con la energía del Trueno, tendrán la posibilidad de recordar y elaborar emocionalmente aquellas vivencias conflictivas con sus familiares cercanos o personas que influyeron en ustedes —a pesar de que hayan fallecido.

Pasos para abrir la puerta de Trueno

1. *Visualizar durante la semana el Kua de Trueno.*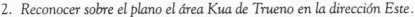
2. *Reconocer sobre el plano el área Kua de Trueno en la dirección Este.*
3. *Elaborar la lista de objetos que se encuentran en el área de Trueno.*

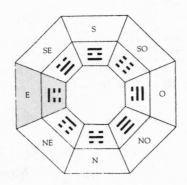

4. *Localizar objetos simbólicos del Kua de Trueno en la casa:* en el resto de la vivienda buscarán objetos, fotografías y recuerdos personales relacionados con sus abuelos, padres y familiares, observando y anotando también las emociones emergentes.
5. *Despejar y vaciar el área de Trueno,* desprendiéndose de aquellos objetos que no presentan una utilidad y un sentido en el momento presente de su vida.
6. *Respiración emocional.* Se aplicará a los objetos que les han revelado recuerdos emotivos y distintas etapas de su vida relacionadas con el Kua de Trueno.

7. *Armonizar el área de Trueno.*

Es importante hacer lo que se indica a continuación:

- Con ayuda del mobiliario y de los diferentes objetos decorativos, crear una sensación de frescura y alegría similar a la que podemos percibir al amanecer.
- Ubicar la sala de estar —el lugar de encuentro con los amigos y las personas que nos visitan— de la misma manera que sentimos claramente el impulso socializador del tiempo primaveral.
- Utilizar los muebles y objetos de madera que también potencian esta área, así como el agua. Pueden usar como estimuladores móviles de madera, instalaciones de agua —fuentes, acuarios y peceras.
- Emplear las formas propicias para el área de Trueno, que son las rectangulares, las cuales pueden introducir fácilmente aprovechando el mobiliario y los objetos decorativos comúnmente encontrados en la sala de estar: marcos de cuadros, tablero de la mesa, etc. Las ondulaciones que recuerdan las olas de mar también vitalizan el área. En este caso, un perchero con formas sinuosas puede servir como propuesta.
- Usar los colores que vitalizan el área de Trueno, como los verdes y azules de tonos suaves que se asemejan al cielo al amanecer, así como el azul marino —todos los cuales pueden estar sobre algunas paredes o matizados en los objetos decorativos y el mobiliario.
- Auxiliarse con la presencia de imágenes de naturaleza pletórica y salidas de sol.

La energía del Kua de Trueno se debilita en los casos siguientes:

- Cuando en el área hay excesivos objetos de metal: muebles de herrería, lámparas metálicas, esculturas, objetos decorativos de acero, etcétera.
- Con el uso excesivo de tonalidades blancas, plateadas o grises, o con el abuso del rojo.

- Con la presencia abusiva de formas redondeadas y triangulares.
- Con imágenes que evoquen el otoño, el atardecer o el verano.
- Cuando su área está ausente en la vivienda, por lo que será necesario armonizar muy bien el área de Agua (que genera a Trueno) y la sala de estar (donde usamos su energía para la interacción con los amigos).
8. *Potenciación del Kua interior de Trueno*. Para potenciar las cualidades del Kua de Trueno les proponemos dos ejercicios más: el Qi de Trueno y la lista de Trueno.

EL QI DE TRUENO

Un ejercicio para estimular el meridiano antiguo de Trueno consiste en tensar la zona externa del antebrazo de cierta forma: si imaginan que apoyan las palmas de las manos sobre un mostrador y las giran hacia adentro, de manera que los dedos medios se toquen en la punta, aparecerá una tensión en el antebrazo, cerca de la muñeca. Al mantener esta posición, están abriendo el meridiano antiguo del Kua de Trueno. Para estimular su vitalidad, deben sostener la posición todo lo que puedan y un poco más.

LA LISTA DE TRUENO

De la misma manera que existen direcciones, áreas y objetos relacionados con un mismo flujo continuo de energía de un kua, en cada uno de ustedes hay "espacios" en su mundo interior ocupados por sucesos y recuerdos vinculados con el Kua de Trueno. Se trata de localizar las emociones y sensaciones de ese espacio interior realizando una lista, que incluye lo siguiente:

- Los nombres de familiares, relacionándolos con el tiempo y el lugar en que los conocieron.
- Los nombres de los maestros y profesores con los que trataron durante el periodo de formación y educación.

- Descripciones de las primeras imágenes y recuerdos que tengan de sus padres y abuelos.

Mientras realizan el ejercicio, tendrán que observar las sensaciones que se despiertan y, dado el caso, trabajar con ellas mediante la respiración emocional.

El área de Viento

El Kua de la Vitalidad y la Salud

El Sureste

El Kua de Viento también es energía de Madera, pero deviene especialmente en la Primavera avanzada, cuando el verde de las plantas y el azul del cielo han alcanzado la transparencia cristalina del mar. Su energía llega suavemente desde el Sureste, se extiende y se eleva —como en el mundo vegetal—, para que todo fluya hacia su naturaleza interior. Es el primer aliento presente en la vida, en sus ciclos y en sus procesos, que los dota de plenitud, salud y potencialidades.

La energía de Viento crea el entramado necesario para dotarse de recursos personales y materiales en el viaje simbólico de la vida. El Kua de Viento representa el arquetipo del líder que imprime el entusiasmo y la dirección a las personas y los recursos.

Enlazarse con la energía de Viento ayudará a crear salud y prevenir enfermedades, a dinamizar el potencial personal y a dotarse de los recursos para perseguir los sueños y anhelos de la vida.

PASOS PARA ABRIR LA PUERTA DEL VIENTO

1. *Visualizar durante la semana el Kua de Viento.*
2. *Reconocer sobre el plano su área en el Sureste.*

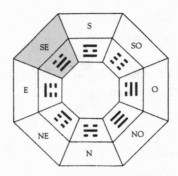

3. *Elaborar la lista de objetos que tienen en el área de Viento*, sin olvidar las sensaciones que se despierten.

4 *Localizar objetos simbólicos del Kua de Viento en otras áreas de la casa.* En el resto de la vivienda buscarán objetos relacionados en un sentido amplio con la salud y la enfermedad: medicamentos, libros, fotografías de etapas de plenitud o enfermedad, etc. También buscarán objetos relacionados con bienes y recursos personales: documentos de economía doméstica, títulos de propiedad, herencias, deudas, hipotecas, etc. Al revisar estos materiales, estarán atentos a las emociones que los acompañan y las anotarán.

5. *Despejar y vaciar el área de Viento.*

6. *Practicar la respiración emocional* al utilizar los objetos encontrados en el área de Viento y en los que tienen un significado afín a la energía de Viento. Comenzar por aquellos que parecen liberar emociones más fáciles con las cuales se puede respirar y relajarse. Si se dificulta respirar con algún objeto, déjenlo para más adelante, pues el efecto esencial de haber vaciado el área ya está funcionando.

7. *Armonizar el área de Viento.* Para ello, el área se debe revitalizar con elementos muy similares a los que precisa el Trueno, pues ambos comparten la energía de Madera y Primavera. Para potenciarla, deben hacer lo siguiente:

   • Crear una sensación de luminosidad y plenitud, similar a la que encontramos a media mañana o en la primavera avanzada.

   • El área de Viento se puede aprovechar para ubicar diversas estancias: la sala de estar, la cocina, el despacho y el consultorio, dado el enorme potencial energético que posee este kua.

- Usar útiles y complementos de madera, con la presencia de agua.
- Emplear formas rectangulares y ondulaciones.
- Utilizar los colores verde, azul turquesa y azul marino.
- Usar imágenes de la naturaleza, especialmente de bosques y árboles.

La energía del Kua de Viento se debilita:

- Con el exceso de objetos y mobiliario de metal.
- Con el exceso de tonos blancos, plateados, grises o rojos.
- Mediante la presencia de formas redondeadas y triangulares.
- Con imágenes que evoquen el otoño y el atardecer.
- Con la presencia de grandes relojes, pues evidencian el paso del tiempo.
- Cuando el área de Viento está ausente en la vivienda, o cuando en ella se localiza uno de los cuartos de baño, en cuyo caso habrá que armonizar muy bien tanto el área de Agua como la sala de estar.

8. *Potenciación del Kua interior de Viento.* Les proponemos dos ejercicios más que pueden ser un buen complemento para armonizarse con la energía de Viento: el Qi de Viento y la lista de Viento.

EL QI DE VIENTO

Éste es un ejercicio para estimular el meridiano antiguo de Viento, que se tonifica en el pie, en el empeine hacia su lado externo y entre los tendones de los dedos cuarto y quinto. Cuando se da un salto desde un trampolín, el impulso sale de esta zona del pie. Todos lo hemos sentido cuando, de niños, realizábamos estos saltos o, simplemente, cuando los imitábamos en el juego. Este punto situado en el pie es fácil de que lo estimulen recostados en el suelo mirando hacia el cielo. Si separan ligeramente las piernas y rotan hacia adentro ambos pies, también aparecerá esta zona de tensión en el lado externo del empeine. Hay que realizar el movimiento simultáneamente con ambos pies hasta que les sea posible, esforzándose en ello.

LA LISTA DE VIENTO

Tienen que elaborar un listado que incluya los datos siguientes:

- Etapas de la vida en las que han estado enfermos, o en la que hayan vivido intensamente la enfermedad de un familiar o amigo.
- Momentos vividos de plenitud y relación intensa con la naturaleza.
- Momentos en los que hayan tenido dificultades económicas y escasos recursos, o por el contrario momentos de "buena racha".

Mientras hacen el listado, tienen que estar atentos a los sentimientos que se despiertan y, dado el caso, trabajar con la respiración emocional.

El área de Fuego

El Kua de Proyección y Conciencia (Shen)

El Sur

Los que tienen la tarea de que las palabras de los antiguos no se duerman dicen que el Fuego hizo nacer al mundo. Su calor fue gestando la atmósfera densa del óvulo de Pan Gu, hasta que eclosionó. Por eso, la esencia del Fuego es el conocimiento íntimo y profundo de la vida, la energía que Shen Nung vio agruparse en el corazón. La energía del Fuego proviene del Sur. Muchas construcciones antiguas miran hacia ese punto cardinal, así como muchas técnicas meditativas que se realizan en esa dirección para captar la vitalidad del entorno.

El color del Fuego es el rojo, su movimiento veloz y expansivo, y su fuerza transformadora. La imagen del Fuego es el vuelo del Fénix, lineal y ascendente, vertical hacia los confines del infinito, hacia lo nunca conocido... Potenciar la energía de Fuego ayudará a la expansión y la proyección social.

El Kua de Fuego también representa el arquetipo del guerrero: tanto el que lucha en pos del conocimiento, como el que opta por la destrucción de límites y normas, el revolucionario.

Pan Gu sacó la fuerza para separar el Cielo de la Tierra de este signo hasta el punto que empujó al universo a trascender sus propios límites; sin embargo, el Fuego debe adherirse a algo para mantener su luz, su llama y su conciencia; necesita el Yin —la energía ancestral y la memoria del universo— para nutrir su propia vitalidad y trascender fronteras. La contraparte del Fuego y la conciencia es la energía del Agua, la naturaleza inconsciente, el lado oscuro de la Luna.

Trabajar con el Kua de Fuego facilitará conocer, superar y trascender limitaciones, así como obtener y expandir una conciencia profunda sobre la vida y la energía que crea más vida.

PASOS PARA ABRIR LA PUERTA DEL FUEGO

1. *Visualizar durante la semana el Kua de Fuego.*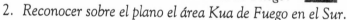
2. *Reconocer sobre el plano el área Kua de Fuego en el Sur.*

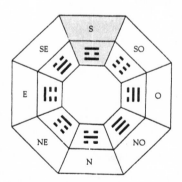

3. *Elaborar la lista de objetos que se encuentran en el área de Fuego.*
4. *Localizar objetos simbólicos del Kua de Fuego en la casa.* Buscar en el resto de la vivienda objetos y símbolos relacionados con cambios trascendentes que han definido sus vidas —ya sean cambios perso-

nales o colectivos de índole social, cultural o de percepción del mundo—. Mientras recaban este material, deben estar atentos a sus emociones y armonizarlas con la respiración.

5. *Despejar y vaciar el área de Fuego.*
6. *Practicar la respiración emocional* con base en los objetos seleccionados.
7. *Armonizar el área de Fuego* como sigue:
   - Crear espacios luminosos y cálidos, reproduciendo de este modo las características que encontramos a mediodía o en el verano. A través de las ventanas orientadas al Sur se potencia esta sensación. Otra manera de recrear este ambiente es mediante la instalación de abundantes puntos de luz artificial de gran potencia.
   - El área de Fuego es un espacio idóneo para situar la puerta principal de acceso a la vivienda, así como la cocina y el comedor —ya que el fuego es el elemento alquímico para los alimentos.
   - Emplear materiales que requieren el fuego en su proceso de elaboración, así como aquellos que se realizan después de sufrir grandes transformaciones.
   - Utilizar formas triangulares, piramidales y rectangulares.
   - Usar toda la gama de rojos y verdes, así como el azul celeste.
   - Emplear imágenes evocadoras de fuego, desiertos o sol de mediodía, picos escarpados y altas montañas.

La energía del Kua de Fuego se debilita:

- Con el exceso de objetos de barro cocido, cerámica o loza y la presencia de agua (acuarios, peceras, grandes fuentes...).
- Con el abuso de colores amarillos, negros y azules intensos.
- Con formas cuadradas y ondulaciones.
- Ante imágenes que evocan el invierno, campos de cultivo en época de recolección y grandes valles.
- Cuando la vivienda tiene una ausencia en el Sur, el área de Fuego. En ese caso habrá que armonizar muy bien las áreas de Trueno y Viento, referentes a la energía de Madera generadora de Fuego.

8. *Potenciación del Kua interior de Fuego.* Para potenciar el Kua de Fuego en el mundo interior, se recomienda practicar los ejercicios siguientes: el Qi de Fuego y la lista de Fuego.

EL QI DE FUEGO

El meridiano antiguo de Fuego se estimula en las manos, rotándolas hacia adentro como si quisieran ponerse frente a los ojos los cantos de aquéllas, forzando un poco la rotación. Con esta posición surge un punto de tensión cerca de la muñeca (en la zona radial), que para ser estimulado debe hallarse en esta tensión todo el tiempo que puedan y un poco más allá de sus posibilidades.

LA LISTA DE FUEGO

Este ejercicio para potenciar el Kua de Fuego consiste en elaborar una lista que especifique lo siguiente:

- Etapas de la vida en las que han participado en grandes transformaciones (biológicas, psicológicas, filosóficas, sociales, etcétera).
- Momentos de gran proyección personal hacia el mundo exterior.

Una vez más es necesario prestar atención a las sensaciones que se despierten y, dado el caso, trabajarlas con la respiración emocional.

El área de Tierra

TIERRA

El Kua de las Relaciones, la Maternidad y la Cooperación

El Suroeste

El Kua de Tierra nos recuerda la sensación que se capta hacia el final de Verano, cuando la naturaleza ha madurado y entrega sus frutos; es un tiempo de alegría y festividad, pues la Tierra regala todo su esplendor. Los campos se tiñen de amarillo y ocre y es el tiempo en que se desarticula totalmente el impulso Yang de la energía. Por ello, se le asocia con el color amarillo oscuro o anaranjado. La dimensión de la Tierra es el espacio y su forma primaria el cuadrado. Su energía gira, se dirige hacia adentro y se sostiene. La Tierra economiza y por ello se expresa mediante lo funcional y lo simple.

La Tierra es el arquetipo maternal en todas sus dimensiones; procura alimento y las condiciones necesarias para que la vida se perpetúe, expresándose de múltiples maneras. La Tierra no discrimina y entrega su energía de igual forma y sin condiciones a las personas, a los animales, a los árboles o a los microorganismos. La vitalidad de este planeta se basa en la diversidad y la cooperación; por eso, las imágenes que pueden representar su kua son los grandes ecosistemas naturales.

La cualidad de la energía de la Tierra la constituyen la receptividad y la labor comunitaria; por eso, en feng shui se asocia a la posibilidad de establecerse y mejorar las relaciones personales en todas sus expresiones —desde la pareja hasta los proyectos colectivos.

El matriarcado, las personas que trabajan en el campo y la sabiduría de la naturaleza también son reflejos arquetípicos de la energía de la Tierra. Estimular con feng shui la energía de Tierra ayudará a dinamizar la relación de pareja, facilitará los cambios fisiológicos y psicológicos a los que se abocará la madre durante el embarazo, propiciará que durante la gestación haya un fuerte vínculo con la vitalidad de la Tierra, y simplificará la vida para gozarla con sabiduría. Evocar el kua de Tierra les permitirá la comprensión de la maternidad en toda su plenitud.

PASOS PARA ABRIR LA PUERTA DE LA TIERRA

1. *Visualizar durante la semana el Kua de Tierra.*
2. *Reconocer sobre el plano el área Kua de Tierra en el Suroeste.*

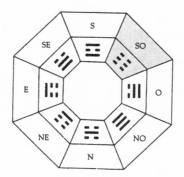

3. *Elaborar la lista de objetos que se encuentren en el área de Tierra.*
4. *Localizar objetos simbólicos del Kua de Tierra.* En otras estancias de la vivienda buscarán objetos o imágenes relacionados con el arquetipo maternal: madre biológica, madre Tierra, adopciones, la tierra donde nacieron, cuevas o grutas, etc., así como elementos referentes a la nutrición. Deben anotar todas las observaciones junto con las emociones emergentes durante la búsqueda.
5. *Despejar y vaciar el área de Tierra.*
6. *Practicar la respiración emocional.*
7. *Armonizar el área de Tierra* como sigue:
   - Crear una sensación ambiental suave y cálida como el abrazo de la Tierra al final del verano. Para conseguirlo pueden usar colores ocres y anaranjados, materiales como el barro y tierra, y una iluminación tamizada e indirecta de tonalidades ligeramente amarillentas.
   - El área de Tierra es propicia para la cocina y el comedor, ya que ambos son espacios relacionados con la nutrición.
   - Usar productos y alimentos naturales de la Tierra.
   - Emplear formas cuadradas y piramidales.
   - Utilizar toda la gama de amarillos, anaranjados, ocres y rojos.
   - Usar imágenes evocadoras de campos y cultivos en plenitud, valles, pueblitos y campesinos.

La energía del Kua de Tierra se debilita:

   - Con el exceso de materiales de madera y metal.

- Con el exceso de colores verdes, azules, blancos, grises y plateados.
- Con formas rectangulares y redondas.
- Ante imágenes que evoquen la primavera y el otoño.
- Ante la ausencia del área Suroeste en la vivienda, o ante la ubicación de un cuarto de baño en ella o en el centro de la casa. En este caso habrá que armonizar muy bien el área de Fuego, la energía que engendra a la Tierra.

8. *Potenciación del Kua interior de Tierra.* Los ejercicios siguientes ayudarán a estimular la energía interior de Tierra: el Qi de Tierra y la lista de Tierra.

EL QI DE TIERRA

El meridiano antiguo de Tierra se estimula al flexionar la articulación del tobillo, como en la posición que adopta el pie de manera natural al subir una pendiente inclinada. Para estimular el punto de apertura del meridiano, pueden recostarse en el suelo boca arriba y flexionar alternadamente cada pie. La duración dependerá, como en los otros ejercicios que han realizado, de su resistencia.

LA LISTA DE TIERRA

Tienen que anotar en su cuaderno una relación de lo siguiente:

- Las vivencias personales, relacionadas con su madre, que consideren destacables (tanto las pasadas como las actuales).
- Las relaciones afectivas en pareja que más les han marcado.
- Los grupos significativos a los que han pertenecido.

Es muy probable que mientras recuerden todas estas vivencias, sientan emociones tanto gratificantes como conflictivas. Es importante dejar que fluyan con naturalidad y, dado el caso, trabajar con ellas mediante la técnica de respiración emocional.

El área de Lago

El Kua de la Creatividad y de los Hijos

El Oeste

El Kua de Lago pertenece a la energía del Metal. Es el primer movimiento hacia el Yin y la concentración, la primera sensación que llega del Otoño o de la puesta de sol, cuando los rayos se despiden por el horizonte y todo queda suspendido en el silencio de la transición, en la brecha entre dos mundos. La energía de Lago llega desde el Oeste —el Poniente—. Los colores de este kua son los blancos, plateados y grises.

El Lago evoca también la imagen del agua en tranquilidad, alegría y calma, como el vapor nutritivo y enriquecedor que emana tanto de lagos como de estanques. El Lago sugiere un estado de ánimo amistoso y feliz, la apertura estimulante del corazón, el intercambio alegre y sin restricciones, libre y placentero, pero es también un tiempo de transición hacia el Yin.

La energía del Lago se asocia con la creatividad, el ingenio y la relación con los hijos.

PASOS PARA ABRIR LA PUERTA DE LAGO

1. *Visualizar durante la semana el Kua de Lago.*
2. *Reconocer sobre el plano el área Kua de Lago en el Oeste.*

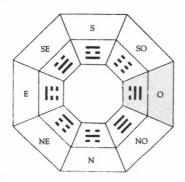

3. *Elaborar la lista de objetos que tiene esta área.*
4. *Localizar objetos simbólicos del Kua de Lago.* En el resto de la vivienda tienen que buscar objetos relacionados con su infancia y con la fragilidad en un sentido amplio: fotografías de cuando eran pequeños —ustedes o su familia—, imágenes de niños, nuevos brotes en las plantas, imágenes de puestas de sol... Una vez realizado el recuento, deberán anotar los objetos encontrados y las emociones que tuvieron.
5. *Despejar y vaciar el área de Lago.*
6. *Practicar la respiración emocional.*
7. *Armonizar el área de Lago* como sigue:
   • Ayudar a conformar este ambiente al crear una gran sensación suavemente fresca (como el inicio del otoño), con colores blancos y metálicos en paredes, objetos y complementos, así como con la iluminación blanca y limpia y el silencio.
   • Es una buena área para ubicar el estudio, una sala de meditación y los cuartos de baño.
   • Emplear materiales armonizadores como el metal, los cristales, las rocas, minerales, cuarzos y gemas.
   • Utilizar formas circulares y cuadradas, arcos, bóvedas y óvalos.
   • Usar toda la gama de blancos, grises, amarillos, ocres y colores terrosos.
   • Emplear imágenes evocadoras del otoño, lagos y fotografías en blanco y negro.

La energía del Kua de Lago se debilita:

   • Con la presencia de agua —fuentes, acuarios, peceras e instalaciones.
   • Con el exceso de colores rojos, negros y azules marinos.
   • Con formas triangulares y onduladas.
   • Ante imágenes de verano e invierno.
   • Cuando falta el área de Lago, el oeste de la vivienda. En este caso habrá que poner especial atención en el área de Tierra, la energía que genera Metal, y es muy importante realizar esta regulación, pues el área de Lago representa el vínculo con los hijos y la energía creativa.
8. *Potenciar el Kua de Lago* con los ejercicios Qi de Lago y lista de Lago.

EL QI DE LAGO

El meridiano antiguo de Lago se estimula al extender los brazos lateral y diagonalmente hacia el suelo, como cuando un pájaro se lanza al vuelo; los cantos de la mano deben apuntar hacia el frente, las palmas hacia el exterior y los dedos totalmente extendidos y separados. Sobre el canto de las manos se debe notar una tensión que corresponde al punto de apertura del meridiano antiguo de Lago. Esta posición se debe mantener hasta cansarse y un poco más.

LA LISTA DE LAGO

Debe realizarse una lista que incluya:

- Las vivencias infantiles más significativas.
- Los amigos de la infancia.
- Los momentos de la infancia de los hijos (si los tienen).

Deben observarse las sensaciones que se despiertan y, dado el caso, trabajar con ellas mediante la respiración emocional.

El área del Cielo

El Kua de la Paternidad, el Simbolismo y la Solidaridad

El Noroeste

La energía del Cielo pertenece también al Metal. Su dirección es el Noroeste y su fuerza surge plenamente en el otoño avanzado, cuando el blanco, el gris y los destellos plateados se han apoderado de la naturaleza.

La energía del Cielo posee una fortaleza infatigable; es la fuerza primaria de la conciencia, la que emprende la acción, persiste y resiste en ella, a pesar de los múltiples obstáculos con que pueda tropezar. Esta energía revela el espíritu innato de las cosas con el devenir del tiempo.

La fuerza del Cielo está asociada con la de la Tierra, y ambas forman la unión ancestral de las energías masculinas y femeninas más poderosas de la naturaleza.

El Cielo también es el universo interior de las imágenes primarias, los símbolos, los mitos y los arquetipos. Este lenguaje íntimo con las fuerzas de la naturaleza seguramente comenzó al observar los cielos y los astros. Los mismos kuas del feng shui surgieron de este tiempo profundo del Cielo; por ello, el pensamiento del Cielo se articula mediante este lenguaje simbólico y las imágenes mentales.

El Kua de Cielo también se relaciona con las sincronicidades, con aquellos acontecimientos aparentemente casuales y que, sin embargo, responden a una trama oculta e inconsciente. En las relaciones entre las personas, la energía del Cielo fomenta la solidaridad y la filantropía, la ayuda incondicional.

Trabajar el Kua de Cielo puede enlazarlos con el arquetipo del padre, el Cielo. La Tierra y el Cielo, el espacio y el tiempo, el padre y la madre, son la esencia energética sobre la cual se fundamenta la paternidad y en la cual se apoyan los hijos. Evocar la energía del Cielo es una necesidad de la pareja para comprender todas las dimensiones de la paternidad.

Finalmente, el tiempo del Cielo también evoca una autorreflexión o crítica sobre el significado de nuestros actos. La energía en el Kua de Cielo se concentra y se desplaza hacia el inconsciente, hacia la profundidad, y requiere la claridad, la luz y la comprensión de los resultados obtenidos durante la primera parte Yang y expansiva del ciclo.

PASOS PARA ABRIR LA PUERTA DEL CIELO

1. *Visualizar durante la semana el Kua de Cielo.*
2. *Reconocer sobre el plano el área Kua de Cielo al Noroeste.*

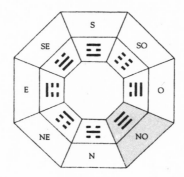

3. *Elaborar la lista de objetos que se tienen en esta área y observar las sensaciones que evoquen.*
4. *Localizar objetos simbólicos del Kua de Cielo en otras áreas de la casa relacionados con la paternidad* (fotografías de sus padres, imágenes evocadoras y símbolos), revisar las emociones que les acompañan y acordarse de anotarlas junto al nombre de los objetos.
5. *Despejar y vaciar el área de Cielo,* sin incluir los objetos de valor emocional.
6. *Practicar la respiración emocional.*
7. *Armonizar el área de Cielo* como sigue:
   • Crear un ambiente introspectivo, como en el otoño avanzado. Como hicieron en el área de Lago, pueden usar el color blanco en las paredes, con objetos y complementos metálicos y con una iluminación blanca y limpia.
   • Al igual que con el área de Lago, es un espacio adecuado para ubicar el estudio o una sala de meditación.
   • Utilizar materiales y armonizadores metálicos, cristales, rocas, minerales, cuarzos y gemas.
   • Emplear formas circulares, cuadradas y ovaladas, así como arcos y bóvedas.
   • Usar toda la gama de blancos, grises, amarillos, ocres y colores terrosos.
   • Utilizar imágenes evocadoras del otoño, con fotografías en blanco y negro, especialmente si reproducen lagos.

La energía del Kua de Cielo se debilita:

- Con la presencia de agua (acuarios, peceras, fuentes...).
- Con exceso de los colores rojo, negro y azul marino.
- Con formas triangulares y onduladas.
- Ante imágenes que les evoquen el verano y el invierno.
- Cuando en la vivienda falta el área noroeste de Cielo. En este caso habrá que armonizar muy bien el área de Tierra en la vivienda y la cocina.

8. *Potenciar el Kua de Cielo* mediante los ejercicios llamados Qi de Cielo y lista de Cielo.

EL QI DE CIELO

El meridiano antiguo de Cielo se estimula en el arco interno del pie, cuando se abre hacia fuera junto con el otro intentando formar un ángulo de 180º (como el modo de caminar de Charles Chaplin). Tienen que notar una tensión en el arco, que corresponde al punto de apertura del meridiano. Es más fácil si lo hacen recostados en el suelo.

LA LISTA DE CIELO

Tienen que elaborar una lista que incluya:

- Los recuerdos más significativos acerca de la relación que han mantenido con su padre durante las distintas etapas de su vida.
- Los momentos significativos que como padres han vivido en relación con sus hijos (si los tienen).

Deben observar qué sensaciones se despiertan y, dado el caso, trabajar con ellas mediante la respiración emocional.

El área de Agua

El Kua del Viaje Simbólico de la Vida

El Norte

La energía del Agua proviene del Norte, del Invierno y del frío. Es el Yin dentro del Yin, la parte más lejana y antigua del universo. Su movimiento es descendente y se precipita tanto en el abismo como en la oscuridad. La energía de Agua puede generar situaciones de peligro por su naturaleza extrema y ahogar la llama de la vida. Sus colores son el negro y el azul marino.

La energía del Agua es la estructura de la naturaleza interior de todas las cosas. En el ser humano forma los huesos, los órganos sexuales y la energía reproductiva. También es la parte más remota e inconsciente de la mente y, por tanto, una energía misteriosa.

El Kua del Agua representa el viaje simbólico de la vida, desde que se consolida en el "agua materna"[1] y en la vida intrauterina, hasta la muerte. Es una energía de ciclo largo que empieza con la vida y termina con ella. Se potencia con el silencio interior y el disfrute de la naturaleza, pero se disipa con un exceso de pensamientos y preocupaciones, así como con la hiperactividad sexual.

El Kua de Agua se relaciona estrechamente con la energía del Fuego. Es el material que lo alimenta y que trae a la luz los secretos y los misterios de la vida. Este eje Agua-Fuego es la ruta y la dirección de la vida. Los conocimientos que se necesitan para transitar por esta ruta se obtienen con el trabajo. El Kua de Agua nos vincula con el trabajo como medio para la realización personal y para obtener de la vida la sabiduría acorde con nuestra naturaleza. La energía del Agua también se realiza con el estudio, pero no con el formal y académico, sino con la capacidad para aprender por uno mismo, para ser autodidacta. Las facetas inconscientes de nuestro ser, que se conocen me-

---

[1] Líquido amniótico.

diante una concentración y un esfuerzo intensos, están también vinculadas con esta energía.

PASOS PARA ABRIR LA PUERTA DEL AGUA

1. *Visualizar durante la semana el Kua de Agua.*
2. *Reconocer sobre el plano el área Kua de Agua en la dirección Norte.*

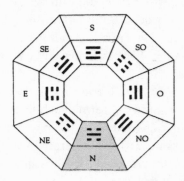

3. *Elaborar la lista de objetos que tienen en esa área y observar las sensaciones.*
4. *Localizar objetos simbólicos del Kua de Agua en otras áreas de la casa.* En este caso anotarán cualquier aspecto, recuerdo u objeto que los evoque el periodo intrauterino de su vida: fotografías que reflejen el embarazo de su madre, relatos que hayan podido explicar de aquella época, etc. También tendrán que anotar aquellos objetos que, de manera real o simbólica, evoquen la presencia de agua tanto en el interior como en el entorno inmediato a la vivienda. Es importante realizar estas tareas conscientes de las emociones que les acompañan.
5. *Despejar y vaciar el área de Agua* conservando los objetos con valor emocional.
6. *Practicar la respiración emocional.*
7. *Armonizar el área* como sigue:
   - Crear un ambiente que produzca una sensación introspectiva, como el invierno. Para ayudarse, pueden utilizar el color blanco, com-

binado con pequeñas cantidades de color negro y azul marino. La presencia de agua mediante objetos decorativos (como las peceras o fuentes) también les ayudará a potenciar el área. Además pueden tamizar la luz, creando una sensación de penumbra.

- También es un espacio recomendable para el estudio y como una sala de meditación, pero sobre todo para los dormitorios.
- Usar materiales metálicos, cristales, rocas, minerales, cuarzos y gemas.
- Emplear formas ondulantes, circulares y ovaladas, así como arcos y bóvedas.
- Utilizar colores azules, negros, en pequeñas cantidades, así como blancos y grises.
- Emplear imágenes evocadoras del invierno y el agua —ríos, cascadas, mares, océanos, animales marinos, etcétera.

La energía del Kua de Agua se debilita:

- Con la presencia excesiva de complementos de madera, tierra, loza, cerámica, etcétera.
- Con exceso de los colores verde, azul cielo, amarillo y ocre.
- Con formas cuadradas y rectangulares.
- Con el uso de imágenes que evoquen la primavera, la tierra y los cultivos, la nutrición, bodegones, etcétera.
- La ausencia, del área Norte de Agua se compensará armonizando muy detalladamente las áreas de Lago y Cielo, de energía Metal y generadoras de la vitalidad de Agua. También habrá que prestar especial atención al estudio y los dormitorios.

8. *Potenciar el Kua de Agua* mediante la realización de los ejercicios Qi de Agua y universo acuático.

EL QI DE AGUA

El meridiano antiguo de Agua se estimula en el talón, en su lado externo. Tienen que extender el pie para apoyarse únicamente con la punta de los dedos. Sentirán la tensión en el talón, que corresponde al punto de apertura del meridiano. Esto será más fácil si lo hacen recostados en el suelo, alternando la extensión de uno y otro pie sin flexionar las piernas. Al realizar este ejercicio, notarán cierto cansancio, pero no se preocupen. Con la práctica, el esfuerzo será cada vez menor.

EL UNIVERSO ACUÁTICO

Este ejercicio tiene como objetivo intentar adentrase en las profundidades de los recuerdos del Agua. En primer lugar, tienen que conseguir un CD o casete que reproduzca el sonido de la profundidad del océano, de las olas del mar o de un río... del agua en definitiva. También sería conveniente que se oyeran los cantos de los animales marinos por excelencia: los delfines y las ballenas.

Es preferible realizar este ejercicio en el dormitorio, en oscuridad y tenderse sobre una cama en posición fetal. Es mejor si se descansa sobre el costado izquierdo. Para incrementar la sensación de interioridad, pueden taparse con una manta. Cuando estén relajados, dejen que aparezcan imágenes de su mundo interior y obsérvenlas con curiosidad y atención, así como los sentimientos que despiertan. Cuando las vivencias adquieran un tono emotivo, pueden aplicar la respiración emocional.

El área de Montaña

El Kua de la Puerta Simbólica, el Aquietamiento

El Noreste

El Kua de Montaña es la energía apacible de la Tierra, la quietud y el silencio que se puede encontrar a finales del Invierno y durante el preludio del amanecer. Es la energía de la Tierra que llega desde el Noreste, deteniendo las cosas y dejándolas en su quietud interior, a diferencia de la Tierra del Suroeste, que favorece el trabajo común y el encuentro festivo tras las cosechas. Montaña es la tierra donde terminan los procesos y se disipan.

La energía del Kua de Montaña surge del silencio interior propio de la meditación. Del Kua de Montaña llega la conciencia de lo que permanece y de lo que se mantiene del pasado. Es como la semilla de un árbol, que se ha despojado de todo lo superfluo, simplificándose sin perder la potencialidad.

La energía de Montaña permite que las personas puedan verse en esencia, sin ninguna máscara social o prejuicio. Esta percepción impersonal de nosotros y los acontecimientos que nos suceden permite articular espontáneamente los aprendizajes escondidos en nuestra historia personal a través de una visión directa, profunda y simple, como la naturaleza de la Tierra.

En la imagen del Kua de Montaña pueden intuir fácilmente una abertura, una puerta. Es la puerta grande del viaje simbólico que han realizado durante estas semanas, como lo es, a su vez, de todo ciclo o etapa importante de la vida. Percibir las cosas con la mirada del Kua de Montaña permite que la puerta se abra. Y esta última da paso al mundo analógico y simbólico, esencia del feng shui y estado propio en el que se encuentran los bebés, los niños y las personas libres.

Sin embargo, para pasar a través de la puerta es necesario desprenderse de ciertas partes de uno mismo, como lo han hecho durante estas semanas, con todo lo que no era necesario tener guardado u olvidado en casa y en el propio mundo interior. Para pasar esta puerta, hace falta desapego, no estar atrapado por las cosas o confinado en una identidad social limitada.

El Kua de Montaña ofrece la oportunidad de no pelearse con la vida y con la muerte. Es más, el Kua de Montaña es la muerte simbólica de antiguos modos de ser que nos impiden crecer: maneras limitadas de pensar, rutinas que ya no son adecuadas, relaciones, roles... El Kua de Montaña ayuda a concluir favorablemente situaciones y etapas de la vida.

El Kua de Montaña puede abrirles también a la confrontación subjetiva de la propia muerte, a tener conciencia de que somos seres que vamos a morir y de que no tenemos toda la vida por delante para realizar los sueños y los anhelos más sentidos. Esta conciencia de mente aporta, sobre todo, la intensidad del presente, el único tiempo del que disponemos con certeza.

PASOS PARA ABRIR LA PUERTA DE MONTAÑA

1. *Visualizar durante la semana el Kua de Montaña.*
2. *Reconocer sobre el plano el área Kua de Montaña: el Noreste.*

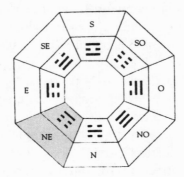

3. *Elaborar la lista de objetos que se encuentran en el área de Montaña,* con especial atención en las emociones que se despiertan.
4. *Localizar objetos simbólicos del Kua de Montaña en otras áreas de la casa.* Anotarán aquellos aspectos relacionados con el final de etapas personales y que consideren destacables, así como el nombre de las personas que hayan fallecido de su entorno social o familiar. Deben observar las emociones que se suscitan en esta exploración.
5. *Despejar y vaciar el área de Montaña.*
6. *Practicar la respiración emocional.*
7. *Armonizar el área de Montaña* como sigue:
   - Crear un ambiente que recuerde el final del invierno. Pueden ayudarse con pequeños objetos de color amarillo limón o de tonos terrosos. La penumbra y el silencio ayudarán a crear el clima necesario.

- Como ocurría con el área de Agua, el área de Montaña es un espacio indicado para situar los dormitorios, el estudio y una sala de meditación.
- Usar materiales y símbolos de tierra.
- Emplear formas cuadradas y ondulantes.
- Utilizar colores como el amarillo limón, los marrones, los azules marinos y el negro en pequeñas dosis.
- Usar imágenes evocadoras del final de invierno o del agua.

La energía del Kua de Montaña se debilita:

- Con la presencia excesiva de objetos de madera.
- Con el abuso de colores verdes y azul cielo.
- Con formas rectangulares.
- Con imágenes que evoquen la primavera.
- Ante la ausencia del área noreste de Montaña, habrá que armonizar cuidadosamente las áreas de Tierra (su energía afín) y Agua, pues la vitalidad de Montaña se encuentra a finales de invierno.
8. *Potenciar el Kua de Montaña* mediante los ejercicios siguientes: Qi de Montaña, lista de Montaña y la Tierra.

EL QI DE MONTAÑA

El meridiano antiguo de Montaña se estimula en el antebrazo, en la cara interna, donde la piel es más blanca y cerca de la muñeca. Para estimularlo tienen que poner las manos como si sostuvieran una viga que pasa por detrás de la nuca. Mientras mantienen esta posición, aparecerá una tensión cerca de ambas muñecas, que corresponde al punto de abertura del meridiano de Montaña. Deben sostener esta posición todo lo que puedan.

LA LISTA DE MONTAÑA

Deben realizar una lista en la cual apuntarán aquellos momentos que recuerden en los que hayan tenido introspecciones y meditaciones profundas. También habrán de apuntar en la lista los nombres de aquellos familiares y amigos que han fallecido.

Asimismo, deben trabajar con la respiración emocional los sentimientos que pueden emerger.

LA TIERRA

El tercer ejercicio consiste en que vuelvan a jugar con la tierra, como cuando eran niños. Pueden escarbar en ella, hacer castillos o lo que les plazca. Es importante buscar un lugar en un entorno natural y estar atentos a las emociones que se despierten.

Conclusión

Han llegado al final de este viaje simbólico. Durante el camino, seguramente habrán resuelto conflictos emocionales internos, habrán simplificado sus vidas y tendrán una conciencia más clara y nítida acerca de dónde están y lo que quieren. En definitiva, habrán estado trabajando para disponer de mayor vitalidad e intensidad.

Aún queda mucho por recorrer, pero, sin duda, su trabajo ha servido no sólo para que se encuentren mejor consigo mismo, sino también para evitar transferir sus limitaciones e insuficiencias a sus hijos.

Aunque es improbable que alguien permanezca en un estado de equilibrio y bienestar duradero, todos los esfuerzos y la constancia que mantengan en este propósito los harán personas más completas, más equilibradas, que no teman rodearse de situaciones fascinantes y asombrosas... como las que les encanta vivir a los niños, ya sean éstos los que habitan en nuestro interior o los que van a concebir en un futuro próximo.

Tercera parte
EL BEBÉ UTERINO

Nacer

Cualquier intento por explicar el hecho de nacer y reproducir la vida debe considerarse de antemano desesperado, pues "nacer" es una experiencia compleja cuyo entramado permanece dormido en el misterio de la vida.

En el momento de la concepción confluyen distintas tensiones y atracciones: un mandato biológico, que lucha por preservar la vida, el afecto y el amor; la vitalidad sexual; y una conciencia nublada de la realidad o, quizá sea mejor decir, una conciencia diferente, expansiva y huidiza, que no se deja asir por el pensamiento.

En la visión energética oriental del nacimiento, *concebir* es una experiencia que trasciende a la pareja. Se podría definir como un punto de encuentro que, además de unir y confundir la individualidad de los amantes, los asocia a la fuerza de atracción que el universo experimenta en sus energías Yin y Yang. En la vitalidad del cosmos, los amantes y futuros padres se aman y eclosionan, a la vez que rememoran a sus abuelos Yin y Yang en sus apasionadas aventuras intergalácticas después que Pan Gu rompiese el huevo.

Es conveniente destacar que amarse y concebir o ser concebidos no se pueden catalogar como un acontecimiento, usual o cotidiano: cuando los amantes se diluyen uno en el otro, se pierden a sí mismos en el caos y la locura que albergaba el universo en el origen de los tiempos. Los amantes no solamente se desnudan uno para el otro, sino también se permiten abandonar su identidad y sus pensamientos —algo que casi nunca sucede—, a la vez que funden sus energías y sus sensaciones, y las hacen únicas en un mismo flujo continuo e indiferenciado. Llegados a este punto, no hay retorno. La lógica del mundo conocido no existe, en tanto que la propia realidad y su lugar son ocupados por un ambiente onírico y acuoso, lleno de luces y colores de otro tiempo, de viejos sonidos, de imágenes fabulosas que se reencuentran después del frío y el olvido en la carne, los huesos, la tierra y las estrellas.

En tal estado amable de confusión, las palabras ya no sirven para definir ni los puntos cardinales asisten para guiar. Los antiguos sabios dicen que, en esos momentos, llegan el calor y la fuerza del Sol y se introducen en el cuerpo masculino a través de una apertura energética de la zona lumbar, llamada *la puerta de la vida*. Asimismo, tales sabios afirman que cuando el hombre se ha enlazado con el Cielo y ambos son una sola fuerza, llegan a la mujer las emanaciones de la Tierra y de la Luna para anidar en su útero. Y ya no hay seres individuales, sino sólo viejos amantes, el Yin y el Yang ancestrales, movidos por la pasión, el amor y el afecto creativo.

La fuerza solar fluye intensamente en los espermatozoides a través de la cavidad femenina, a la caza del aliento de la Tierra. Los espermatozoides llegan al óvulo y lo picotean con su afilada cabeza, girando al revés que las manecillas del reloj para ganar tiempo al tiempo. Cuando por fin el óvulo se abre al misterio, llega la locura en una agitación indefinible. El Yin y el Yang, lo masculino y lo femenino, se reconocen como los seres legendarios que son, incansables exploradores de vida y conocimientos... En ese momento, los padres se quedan embarazados de aventuras...

Concebir es un acto indefinible, pero se relaciona con recordar la esencia de la vida, con trascender los límites personales y las referencias que cada amante tiene de sí; se vincula con un estado eufórico en el que el tiempo y el espacio se alteran, y la fuerza arquetípica de la vida fluye y se expande para desvelar lo que estaba dormido e inconsciente. Quizá encender un fuego sea la única manera de acercarse a la metáfora del amor y la energía que crea vida.

La preconcepción

Quedar embarazados es algo que sucede y ya; por tanto, toda previsión y especulación en torno al momento y el giro que tomarán los acontecimientos es ciencia-ficción pura. Embarazarse no es algo que se pueda prever; pero en la filosofía de la vida, los sabios antiguos anticipaban al embarazo un tiempo o un estado de ánimo peculiar tanto en los amantes como en el viento y el entorno. A ese estado peculiar de las cosas lo llamaban *el aliento generador* o *el preludio creativo de la vida*, un tiempo en el que la Tierra y la energía generativa despiertan.

Cuando este preludio creativo actúa, los mecanismos instintivos y emotivos se predisponen al encuentro. Es la energía del Kua de Tierra, que todo lo inunda; es la fuerza receptiva y afectiva, que abraza cálidamente todas las cosas...

El feng shui no puede controlar la fuerza generativa de la preconcepción, ni los acontecimientos de una relación afectiva en la que se fecunda la vida. Pero puede estimular la energía generativa y favorecer el preludio creativo de la vitalidad de la Tierra.

La fuerza generativa o energía ancestral, que otorga la vida, se acomoda dentro del organismo en las regiones más internas del cuerpo de energía, en sus meridianos antiguos. Es la vitalidad que en el periodo embrionario y fetal desarrolla el sistema nervioso y constituye el esqueleto. También forma las glándulas sexuales. A través de los meridianos antiguos en el adulto, esta energía se relaciona con la naturaleza por medio de las ocho direcciones, para captar la vitalidad ambiental representada por cada uno de los ocho kuas que ya conocen.

En la esfera energética que envuelve al ser humano existen infinitas rutas internas conocidas como *meridianos* o *canales*, con miles de puntos de interconexión —los puntos de acupuntura y los chakras—. Cuando somos concebidos, estos canales antiguos son especialmente dinámicos y sincronizados, como todo lo que sucede a una velocidad escalofriante en un organismo en desarrollo. Pero después, los avatares de la vida —las emociones y el comportamiento desgastante— bloquean e interfieren estos canales, dificultándonos la relación con las fuerzas del universo.

Todo el trabajo realizado con el feng shui está destinado a restablecer el vínculo con la energía que fluye entre el Sol y la Tierra. Pero podemos hacer algo más en este preludio o tiempo de preconcepción para dinamizar la energía generativa y que consiste, esencialmente, en volver a la primera casa que existió y a la que por derecho común pertenecemos: la Tierra, la naturaleza y sus elementos.

Los cinco elementos

Cuando Pan Gu murió, usó las imágenes que había encontrado en los cinco elementos —la Tierra, el Metal, el Agua, la Madera y el Fuego— para crear el mundo natural. En este acto, la naturaleza organizó sus fenómenos en cinco grandes flujos de energía conformando un entramado coordinado y dinámico, el cual relacionaba todo cuanto existía. Después la humanidad ha creado con su inventiva cientos de objetos y situaciones artificiales, pero en esencia constituidas por estos cinco elementos o flujos.

Quizá por esto, en gran parte de las culturas primeras, los elementos de la naturaleza tenían una presencia privilegiada en su manera de mirar y estar en el mundo. Incluso estas fuerzas naturales se consideraban deidades, por lo cual se les tenía en cuenta en fiestas que marcaban los tránsitos estacionales, o en determinados puntos como montañas, o en el uso de estas fuerzas como soporte de la vida mitológica y cotidiana, como era el caso del fuego.

Todavía quedan reminiscencias de esa antigua fascinación que la humanidad tuvo en otra época por ver los acontecimientos relacionados o impulsados por los elementos de la naturaleza. Lo cierto es que los movimientos animados del fuego todavía nos hechizan.

Como veremos más adelante, la Tierra y el Fuego son los primeros kuas que se activan en la preconcepción y la fecundación de la vida. La energía generativa se relaciona con los elementos primordiales de la naturaleza, por lo cual cuando nos ponemos a su alcance, no sólo rememoramos la estrecha relación que existió en el pasado, sino también nuestra energía ancestral se vitaliza y adquiere su potencial creativo.

La energía generativa también se estimula mediante un comportamiento fluido, espontáneo y alegre, que no siempre se encuentra en un orden social —muchas veces excesivamente rígido, aburrido y triste.

A continuación encontrarán algunas ideas para entrar en contacto con las cinco energías esenciales de la naturaleza. De hecho, sólo se trata de dar un paso más, pues en las regulaciones de feng shui que realizaron en las ocho áreas de la vivienda, estas cinco energías tienen ahora mayor presencia en sus vidas. En los ejercicios siguientes se trata de verlas actuar en su lugar de origen, y dejar que los influyan plenamente:

1. *Energía de la Tierra*. Deben buscar un lugar apacible en la naturaleza y descalzarse. Caminen suavemente por la tierra sintiendo su temperatura, sus relieves y la conexión que surja con ella. Pueden tenderse sobre el vientre y sentir su atracción y su abrazo. Si les agrada, también pueden rodar sobre ella. Déjense llevar por sus sensaciones y espontaneidad, y la Tierra les susurrará hasta que recuerden que siempre ha estado ahí...

2. *Energía del Fuego*. Pueden ir al bosque y reunir algunas ramas secas como alimento del fuego. Si tienen una chimenea o si hay

algún lugar seguro donde prender fuego, podrán mirar su danza hasta que el pensamiento se duerma. Si esto no es posible, en casa también podrán observar la flama de una vela en la penumbra, para establecer este vínculo.

3. *Energía del Agua.* Puede ser muy agradable tocar las rocas y piedras antiguas, que son el esqueleto de la naturaleza y su energía ancestral. Deben poner toda la atención en sus manos y acariciar las rocas o piedras suavemente, sentir sus formas y su estabilidad, su solidez y su calma. Quizá en algún momento encuentren una piedra, un cuarzo o cualquier roca o mineral que les produzca una intensa atracción o empatía; asimismo, pueden sentir si el lugar les deja llevarlo a casa y, si es así, utilizarlo para practicar el feng shui con su futuro bebé.

Otra manera de relacionarse con la energía de agua es tomar contacto y conciencia del esqueleto del propio cuerpo, el ser de piedra. Pueden hacerlo en pareja, turnándose para explorar el esqueleto de su compañero/a y las sensaciones que se crean. El esqueleto es otra manifestación física de la energía generativa.

El agua de un río o del mar también puede ayudarles a vivir la energía de Agua. Sólo tienen que sumergirse en ella, nadar o flotar plácidamente hasta sentir su fluidez; también pueden permanecer en su interior —con un tubo para respirar— y flotar en la ingravidez del agua, como lo hará su bebé meses más tarde o como lo hicimos todos alguna vez.

4. *Energía de Madera.* Deben buscar un bosque poderoso, con árboles grandes llenos de hojas. Adéntrense en él en silencio. Cuando la mente esté calmada, fíjense en los árboles de su alrededor y vayan al encuentro de alguno con el que sientan afinidad y atracción y quizá quieran abrazarlo. Sientan la vida del árbol y del bosque mediante el abrazo, dejen que el bosque conozca también sus emociones. Después quizá puedan buscar algunas ramas que por su forma o textura les parezcan atractivas; antes, sientan si el lugar les deja llevarlas, pues también pueden usarse como reguladores de feng shui.

5. *Energía de Metal.* Muchas rocas o piedras contienen metales en pequeñas cantidades y a través de ellas pueden entrar en contacto con esta energía. También ocurre al tocar la herrería que pueden encontrar en las zonas antiguas de algunas ciudades o pueblos. O pueden conseguir objetos metálicos cuyas sensaciones les agraden, objetos que podrán usar como reguladores.

Estos ejercicios no tienen normas. Éstas son sólo algunas ideas acerca de cómo potenciar la relación con las cinco energías de la naturaleza. Sin duda, pueden encontrar muchas otras y en el mismo acercamiento se les ocurrirán más. Lo importante es hacerlo con ganas, de una forma lúdica y divertida, buscando la espontaneidad, que ya era nuestra en la infancia y que ahí quiere resurgir.

Los kuas personales

Por alguna extraña razón que no comprendemos, el universo regala sus vastos recuerdos a la célula ya fecundada y al ser concebido. Esta memoria le llega de las emanaciones de la Tierra, del Cielo y de los genes de los padres. Cuando la célula es fecundada, se torna en un nítido y cristalino reflejo del cosmos: un microuniverso. La fecundación ocurre en un momento y lugar precisos, de manera que en ese momento se transfiere la memoria genética y la del universo. Los antiguos sabios habían llegado a reunir tantos conocimientos sobre la relación del tiempo y del espacio, que incluso habían calculado las diferentes intensidades presentes en la Tierra en cada ciclo estacional, en el día o en la noche, en cada hora y en otras variables temporales, y cómo influían en la concepción del nuevo ser. De esta manera pudieron determinar el kua que a cada persona le es más propicio e influyen en ella.

A continuación, tienen una tabla en la cual pueden encontrar sus kuas personales y el de su bebé. Pueden buscar el kua en la tabla, localizando el año que corresponde a su nacimiento. Sólo deben tener la precaución de ver que su mes de nacimiento esté entre acotamientos del año chino —que es diferente del occidental, pues sigue los ciclos lunares—. El año oriental comienza con la primera Luna nueva de la primavera, que suele ser a finales de enero o durante febrero. El segundo paso consiste en buscar el kua, para la madre en la primera columna (femenina) y para el padre en la segunda columna (masculina).[1] Ahora ya sabrán cuál es su kua personal.[2]

El kua personal del año natal

Año	Desde	Hasta	Femenino	Masculino	
1930	30 ene. 1930	16 feb. 1931	Montaña	Lago	Caballo
1931	17 feb. 1931	5 feb. 1932	Fuego	Cielo	Oveja
1932	6 feb. 1932	25 ene. 1933	Agua	Tierra	Mono
1933	26 ene. 1933	13 feb. 1934	Tierra	Viento	Gallo
1934	14 feb. 1934	3 feb. 1935	Trueno	Trueno	Perro
1935	4 feb. 1935	23 ene. 1936	Viento	Tierra	Jabalí
1936	24 ene. 1936	10 feb. 1937	Montaña	Agua	Rata
1937	11 feb. 1937	30 ene. 1938	Cielo	Fuego	Búfalo
1938	31 ene. 1938	18 feb. 1939	Lago	Montaña	Tigre
1939	19 feb. 1939	7 feb. 1940	Montaña	Lago	Conejo
1940	8 feb. 1940	26 ene. 1941	Fuego	Cielo	Dragón
1941	27 ene. 1941	14 feb. 1942	Agua	Tierra	Serpiente
1942	15 feb. 1942	4 feb. 1943	Tierra	Viento	Caballo
1943	5 feb. 1943	24 ene. 1944	Trueno	Trueno	Oveja
1944	25 ene. 1944	12 feb. 1945	Viento	Tierra	Mono
1945	13 feb. 1945	1 feb. 1946	Montaña	Agua	Gallo
1946	2 feb. 1946	21 ene. 1947	Cielo	Fuego	Perro
1947	22 ene. 1947	9 feb. 1948	Lago	Montaña	Jabalí
1948	10 feb. 1948	28 ene. 1949	Montaña	Lago	Rata
1949	29 ene. 1949	16 feb. 1950	Fuego	Cielo	Búfalo
1950	17 feb. 1950	5 feb. 1951	Agua	Tierra	Tigre
1951	6 feb. 1951	26 ene. 1952	Tierra	Viento	Conejo

[1] Conforme hay una energía inicial en la fecundación que se decanta hacia el Yin o el Yang, hacia lo femenino o lo masculino, las energías confluyentes en la fecundación propician diferencias en los hombres y las mujeres.

[2] Los siguientes kuas personales devienen del año natal. Existen otros kuas personales relativos al mes del nacimiento e incluso a la hora. Por el momento, es suficiente trabajar con el kua anual.

Año	Desde	Hasta	Femenino	Masculino	
1952	27 ene. 1952	13 feb. 1953	Trueno	Trueno	Dragón
1953	14 feb. 1953	2 feb. 1954	Viento	Tierra	Serpiente
1954	3 feb. 1954	23 ene. 1955	Montaña	Agua	Caballo
1955	24 ene. 1955	11 feb. 1956	Cielo	Fuego	Oveja
1956	12 feb. 1956	30 ene. 1957	Lago	Montaña	Mono
1957	31 ene. 1957	17 feb. 1958	Montaña	Lago	Gallo
1958	18 feb. 1958	7 feb. 1959	Fuego	Cielo	Perro
1959	8 feb. 1959	27 ene. 1960	Agua	Tierra	Jabalí
1960	28 ene. 1960	14 feb. 1961	Tierra	Viento	Rata
1961	15 feb. 1961	4 feb. 1962	Trueno	Trueno	Búfalo
1962	5 feb. 1962	24 ene. 1963	Viento	Tierra	Tigre
1963	25 ene. 1963	12 feb. 1964	Montaña	Agua	Conejo
1964	13 feb. 1964	1 feb. 1965	Cielo	Fuego	Dragón
1965	2 feb. 1965	20 ene. 1966	Lago	Montaña	Serpiente
1966	21ene. 1966	8 feb. 1967	Montaña	Lago	Caballo
1967	9 feb. 1967	29 ene. 1968	Fuego	Cielo	Oveja
1968	30 ene. 1968	16 feb. 1969	Agua	Tierra	Mono
1969	17 feb. 1969	5 feb. 1970	Tierra	Viento	Gallo
1970	6 feb. 1970	26 ene. 1971	Trueno	Trueno	Perro
1971	27 ene. 1971	14 feb. 1972	Viento	Tierra	Jabalí
1972	15 feb. 1972	2 feb. 1973	Montaña	Agua	Rata
1973	3 feb. 1973	22 ene. 1974	Cielo	Fuego	Búfalo
1974	23 ene. 1974	10 feb. 1975	Lago	Montaña	Tigre
1975	11 feb. 1975	30 ene. 1976	Montaña	Lago	Conejo
1976	31 ene. 1976	17 feb. 1977	Fuego	Cielo	Dragón
1977	18 feb. 1977	6 feb. 1978	Agua	Tierra	Serpiente
1978	7 feb. 1978	27 ene. 1979	Tierra	Viento	Caballo
1979	28 ene. 1979	15 feb. 1980	Trueno	Trueno	Oveja
1980	16 feb. 1980	4 feb. 1981	Viento	Tierra	Mono
1981	5 feb. 1981	24 ene. 1982	Montaña	Agua	Gallo
1982	25 ene. 1982	12 feb. 1983	Cielo	Fuego	Perro
1983	13 feb. 1983	1 feb. 1984	Lago	Montaña	Jabalí
1984	2 feb. 1984	19 feb. 1985	Montaña	Lago	Rata
1985	20 feb. 1985	8 feb. 1986	Fuego	Cielo	Búfalo
1986	9 feb. 1986	28 ene. 1987	Agua	Tierra	Tigre
1987	29 ene. 1987	16 feb. 1988	Tierra	Viento	Conejo

Año	Desde	Hasta	Femenino	Masculino	
1988	17 feb. 1988	5 feb. 1989	Trueno	Trueno	Dragón
1989	6 feb. 1989	26 ene. 1990	Viento	Tierra	Serpiente
1990	27 ene. 1990	14 feb. 1991	Montaña	Agua	Caballo
1991	15 feb. 1991	3 feb. 1992	Cielo	Fuego	Oveja
1992	4 feb. 1992	22 ene. 1993	Lago	Montaña	Mono
1993	23 ene. 1993	9 feb. 1994	Montaña	Lago	Gallo
1994	10 feb. 1994	30 ene. 1995	Fuego	Cielo	Perro
1995	31 ene. 1995	18 feb. 1996	Agua	Tierra	Jabalí
1996	19 feb. 1996	6 feb. 1997	Tierra	Viento	Rata
1997	7 feb. 1997	27 ene. 1998	Trueno	Trueno	Búfalo
1998	28 ene. 1998	15 feb. 1999	Viento	Tierra	Tigre
1999	16 feb. 1999	4 feb. 2000	Montaña	Agua	Conejo
2000	5 feb. 2000	23 ene. 2001	Cielo	Fuego	Dragón
2001	24 ene. 2001	11 feb. 2002	Lago	Montaña	Serpiente
2002	12 feb. 2002	31 ene. 2003	Montaña	Lago	Caballo
2003	1 feb. 2003	21 ene. 2004	Fuego	Cielo	Oveja
2004	22 ene. 2004	8 feb. 2005	Agua	Tierra	Mono
2005	9 feb. 2005	28 ene. 2006	Tierra	Viento	Gallo
2006	29 ene. 2006	17 feb. 2007	Trueno	Trueno	Perro
2007	18 feb. 2007	1 feb. 2008	Viento	Tierra	Jabalí
2008	2 feb. 2008	25 ene. 2009	Montaña	Agua	Rata
2009	26 ene. 2009	13 ene. 2010	Cielo	Fuego	Búfalo
2010	14 ene. 2010	2 feb. 2011	Lago	Montaña	Tigre

Arquitectura energética de los kuas

Ahora ya conocen su kua personal, de modo que pueden identificarlo fácilmente en su área de la casa, pues ya han trabajado con ellos en sus ocho direcciones. Si además están embarazados —es decir, el bebé vive en el océano interior de su madre—, podrán conocer también su kua personal.[3] Pueden tomar inicialmente las dos opciones —masculina y femenina—, aunque quizá más adelante podrán determinar su sexo.

[3] Excepto si la previsión de su nacimiento está muy cerca de la primera Luna nueva del año chino. En estos casos, pueden adoptar los cuatro kuas correspondientes a la transición.

En la casa, es importante que las áreas relativas a sus áreas kuas personales, así como los posibles kuas de su bebé, se encuentren armonizados y ordenados, con las sensaciones propias de cada estación, los objetos decorativos y el mobiliario adecuado. En estas áreas kuas personales deben evitar la presencia de cosas que les provoquen desagrado o malestar. A continuación encontrarán además algunas indicaciones reguladoras de feng shui que podrán usar para estimular estas otras áreas sobre cuestiones personales de la vivienda.

Se puede estimular cada área con mayor eficacia cuando los reguladores son afines a la energía que les pertenece, o a la energía que le precede y le hace nacer. Por ejemplo:

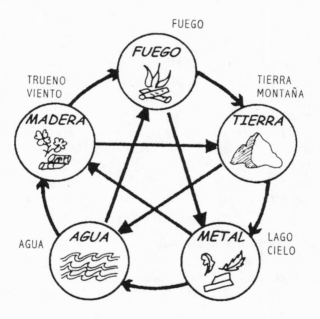

1. Las áreas kuas de Trueno y de Viento se estimulan con plantas interiores, imágenes de la naturaleza, tallas de madera, pequeñas ramas curiosas de árboles, móviles de bambú o caña y flautas de madera. También se estimulan con objetos decorativos que integren la presencia de agua, como fuentes, acuarios o peceras, pues la energía de Agua crea la de Madera.

2. El área kua de Fuego puede estimularse incrementando la luz de las estancias con lámparas, velas, esferas y cristales facetados. También pueden utilizar todos los reguladores propios de Trueno y de Viento, pues la Madera crea el Fuego.

3. El área Kua de Tierra se estimula con la presencia de objetos de barro, como los móviles, la loza o la cerámica. También es recomendable usar cuarzos.[4] Otra posibilidad consiste en decorar la estancia con plantas de interior, pues las macetas llenas de tierra ayudan a estimular el área —en este caso las plantas deben ser de tronco robusto y hojas pequeñas y flores amarillas o anaranjadas—. Del mismo modo, reguladores propios de Fuego también serán útiles, pues el Fuego es la energía que crea la Tierra.

4. Las áreas de Lago y de Cielo se estimulan con objetos metálicos, redondos y plateados. Son muy útiles los móviles metálicos, aun cuando deberán escoger uno que produzca sonidos que les agraden. También pueden utilizar los reguladores propios de Tierra.

5. El área de Agua se potencia con objetos decorativos que integren la presencia de agua (peceras, acuarios y fuentes), jarrones que contengan agua, etc., que en cualquier caso tendrá que cambiarse regularmente. También pueden utilizar los reguladores propios de la energía Metal, pues ésta crea la energía de Agua.

6. El área Kua de Montaña se estimula con los reguladores de Tierra, los cuarzos y los objetos decorativos que contengan agua.

Entre los reguladores simbólicos se encuentra el kua personal, situado en un lugar visible del área.[5] El kua personal también indica la dirección donde pueden obtener mayor vitalidad —la cual pueden tener en cuenta para descansar orientando el cabezal de la cama en dicha dirección, o

---

[4] Hay muchos tipos de cuarzos; se puede comenzar encontrando uno que suscite gran atracción y afinidad, independientemente del tipo de cuarzo que sea: blanco, rosa, amatista u otros.

[5] En los estudios de feng shui personal el autor utiliza kuas personales de minerales, como la obsidiana y el cuarzo, con resultados muy interesantes, pues la influencia propia del símbolo se ve potenciada por las propiedades de los cristales.

trabajar y estudiar encarándola, siempre que sea posible—. Ante una merma de la salud, será muy útil visualizar su kua, así como estimular su meridiano antiguo con la posición corporal correspondiente. También es importante que los padres visualicen los kuas de su bebé uterino, especialmente la madre.

Potenciación de áreas kua personales

El ejercicio siguiente consiste en potenciar las áreas personales, las suyas como padres y las del bebé uterino o nacido, pues son las energías que deben estar muy bien representadas en la vivienda. A la hora de seleccionar los reguladores, es suficiente con escoger uno: el que más fácil parezca integrar en el ambiente y que les sea más afín.

De ese modo, habrán creado una estructura energética personalizada que podrá ser muy beneficiosa en los próximos meses.

Estar embarazados

Estar embarazada es una posibilidad biológica de la mujer; pero cuando una pareja anhela un bebé y se empeña en ello, ambos quedan embarazados. Desde este punto de vista, estar embarazado, además de un hecho biológico maternal, es un estado del ser: padres que comparten activamente el tiempo del bebé uterino hasta su nacimiento.

Existe una creencia generalizada de que en el bebé no hay conciencia sino hasta los últimos meses del embarazo: hasta los seis meses, el cerebro no está suficientemente estructurado. Pero para la medicina tradicional china, en el momento de la concepción, la misma célula fecundada tiene conciencia, aunque no en el sentido cotidiano de la palabra: tener sentido de individualidad. Desde esta antigua visión de la vida, el embarazo es un periodo sumamente intenso y consciente para el bebé uterino: revive las recuerdos del universo y comparte con él los secretos más anhelados de su historia.

La mitología china ha recogido en muchos de sus relatos el estado excepcional de sabiduría en que se encuentra el bebé uterino. Destaca la historia de Lao Tsé, quien tuvo una larga gestación que duró 90 años, que nació de hecho con el aspecto de un anciano pequeño. Fue uno de los filósofos más reconocidos, pues a él se atribuye la recopilación de las ideas naturalistas del Tao en una colección de aforismos, llamada el *Tao Te King*. Lao Tsé vivió relacionado estrechamente con la naturaleza. Se cuenta que, aun cuando era anciano, su vida transcurría como la de un niño, descubriendo e improvisando, fascinándose en cada segundo de la vida, fluyendo como el agua del río.

Lao Tsé creía en la comunidad pero basada en las relaciones libres y espontáneas, donde cada quien desarrollase su propia búsqueda y naturaleza interior. No era muy apegado a las convenciones y normas sociales rígidas que coartan la apreciada espontaneidad y la sencillez de los acontecimientos. Pero lo más llamativo del mito de Lao Tsé es su largo embarazo: 90 años, una vida. Con esta poderosa imagen, la leyenda muestra que puede llevarnos toda una vida rescatar la sabiduría en la que vive el bebé uterino del olvido en que se sume con el nacimiento. Por otro lado, anima a los padres al entusiasmo inmediato, pues, además de una vida incipiente, en el vientre de la madre hay conciencia y es posible establecer un puente, una conexión, un diálogo y un mutuo aprendizaje entre los padres y el bebé antes de nacer.

Durante las nueve lunas del embarazo, la madre y el bebé están ligados íntimamente uno al otro. La fisiología de la madre se pone al servicio de la vida del bebé casi de manera íntegra. Y esto sucede no sólo con la madre biológica, sino también con la madre Tierra, que deja abierta una vía de comunicación a través de los meridianos antiguos, un vínculo que el bebé siente como una protección ancestral. Ambas madres desarrollan a la perfección su arquetipo en el apoyo sin condiciones a la vida, nutriendo y organizando los recursos biológicos para que aquél germine y crezca.

Otra de las creencias bastante extendidas se refiere al padre, quien pareciera que no tiene mucho con qué contribuir durante los primeros nueve meses de embarazo. Sólo le resta esperar para hacer una contribución significativa.

Obviamente, al padre le toca apoyar y proveer ciertos recursos que en otros tiempos eran compartidos, pero en este rol, el margen del padre sigue siendo pequeño en comparación con la gran responsabilidad que asume su compañera. Sin embargo, el bebé intrauterino está reviviendo los pasos de Pan Gu en la matriz cósmica. La matriz es la madre y lo nutre, lo cobija, lo resguarda y le asegura un mundo interior cálido y fascinante durante un tiempo. Pero en esta leyenda hay un segundo actor importante: la fuerza celeste, el Sol que canaliza su vitalidad hacia el huevo de Pan Gu, la energía con que el pequeño gigante también vive y se alimenta la fuerza paternal.

En ese orden de idas, "estar embarazados" es un asunto de dos. La madre crea el mundo interno donde el bebé ensueña, y el padre conduce las influencias y los estímulos hacia el bebé. La tarea del padre consiste en unir los dos mundos, crear un puente o un contacto activo y cálido, una afluencia de energía y atención con la que el bebé uterino podrá intensificar los sueños en el infinito.

Las ensoñaciones del bebé uterino

El bebé uterino en el vientre materno experimenta ensoñaciones arquetípicas y simbólicas que en el mundo del adulto pertenecen al inconsciente. Hacia los cuatro meses, el desarrollo del sistema nervioso del bebé es notorio y hacia el sexto mes el cerebro se ha estructurado neuronalmente, de modo que el bebé tiene una conciencia primaria de sí mismo. Este "pre-yo" lo ha creado mediante los impactos físicos y emocionales que recibe de la madre, del entorno, de sus exploraciones de los límites del vientre materno y de sus ensoñaciones.

El bebé uterino siente, incluso en su etapa embrionaria. Si bien no tiene una imagen de sí mismo, un yo definido, su capacidad para percibir es ilimitada. Puede enfocar su percepción en cualquier punto, incluso en el mundo exterior. Su sensibilidad —precisamente por no estar limitada a un yo— es muy alta y dinámica, puede expandirse o concentrarse, como lo hacía el viejo sabio Shen Nung con su cuerpo de energía.

Ese dinamismo perceptual en el embrión se debe a su naturaleza energética hiperactiva, que con el paso de las semanas irá materializando sus estructuras fisiológicas y sus primeros referentes emotivos relacionados con la realidad exterior. Sus experiencias son similares a las que evocan los ritmos lentos del cerebro —las ondas Delta, Theta y Alfa—.[1] En el adulto, estos ciclos corresponden a la memoria inconsciente, a la percepción global, a los sueños o a las relajaciones profundas.

Al contrario de lo que percibe el bebé uterino, el cerebro adulto en vigilia usa los ciclos largos, los Beta, que determinan la percepción individual y la realidad exterior. Si queremos una imagen de los conocimientos de la neurociencia en este campo, entre el niño y el adulto, se formará un símil del cerebro como se concibe en la actualidad: un lado derecho, emotivo y simbólico, que corresponde a la percepción del bebé, y un lado izquierdo, racional y analítico, que corresponde a la percepción cultural adulta de los padres.

Sin embargo, el cerebro adulto puede producir conscientemente ritmos lentos como los del bebé uterino. Si lo hace, habrá la posibilidad de establecer un "diálogo emocional" con el bebé mediante un nuevo lenguaje: las imágenes y la emotividad que el bebé puede sintonizar. Sólo hay que dedicarle el tiempo y la atención necesarios para construir este puente de comunicación y mutuo aprendizaje.

Construir el puente emotivo es el propósito del feng shui para el bebé uterino. Una vez tendido el puente, imaginen todas las cosas que pueden aprender del bebé —ese pequeño navegante en la conciencia global del universo— y en todo lo que puedan trasmitirle de su mundo exterior: afecto, amor, sueños y anhelos...

El vínculo: el lenguaje emocional

El útero es la primera casa del niño, un espacio interior donde no hay diferencias entre las cosas, pues no hay un concepto de sí mismo que favorezca su separación. El bebé, abiertas todas las puertas de la percepción, experimenta una visión transpersonal[2] de los acontecimientos;

---

[1] Son ciclos cerebrales que oscilan entre 0.5 y 14 hertzios, mientras que los ritmos rápidos Beta van de 14 a 30 hertzios o incluso más.

[2] El concepto transpersonal corresponde a una corriente de la psicología que estudia la conciencia experimentada más allá de los sentidos y límites cotidianos.

por tanto, está relacionado de manera estrecha con la mente profunda de los padres y con las experiencias del entorno. Las investigaciones realizadas en las últimas décadas[3] demuestran que existe una comunicación constante entre el bebé, sus padres y el mundo exterior. Esta comunicación fluye al menos a través de los cambios biológicos de la madre y de los climas fisiológicos que emergen de su conducta, pensamiento, emociones y empatía.

Una madre amorosa y que comprende sus sentimientos hacia su bebé crea un vínculo que surge intensamente por medio de los estímulos gratificantes que llegan a sus sentidos: un latido cariñoso del corazón de la madre, unas frotaciones amables y reconfortantes del padre que llegan a través del vientre, el oxígeno y la química nutritiva que llegan por el cordón umbilical y la placenta, el susurro del sol a través del viento y el tiempo, el abrazo de la Tierra...

Por el contrario, cuando en la madre hay inseguridad o ambivalencia respecto a sus sentimientos hacia su bebé, rechazo al embarazo o temores e inestabilidad, el bebé lo sabe y lo siente directamente. En este caso, el bebé no puede vincularse de manera espontánea a una madre que lo rechaza, que lo ignora o que no lo escucha intuitivamente. Para algunos especialistas, la intensa emoción que el embrión recibe de los padres al saber que están embarazados puede dejar una fuerte impresión en su desarrollo posterior.

Toda ayuda en la clarificación emocional es clave para establecer el vínculo paterno-materno con el bebé. El trabajo personal que realizaron en el ejercicio de El viaje simbólico y en las distintas áreas kua de la vivienda estaba diseñado especialmente para buscar esta nitidez emocional y favorecer el surgimiento de un vínculo claro y fuerte. El proceso que sigue a continuación tiene dos propósitos:

- Por un lado, favorecer el desarrollo físico y emotivo del bebé uterino, facilitarle su recorrido simbólico por la conciencia, y

---

[3] Es interesante remitirse a la recopilación de investigaciones en este sentido realizadas por el doctor Thomas Verny y por Joan Kelly en el libro *La vida secreta del niño antes de nacer*, Urano.

relacionarlo con el kua y la energía propia de cada fase de su recorrido.

- Por otro, desarrollar la capacidad de comunicación con su bebé por medio del lenguaje y el pensamiento simbólico.

La combinación de estos efectos puede crear las mejores condiciones para el paso siguiente: el nacimiento y la infancia temprana.

Las nueve lunas

El diagrama que tienen ante ustedes integra los Pa Kuas Yin y Yang, que ahora aparecen superpuestos, pues durante los nueve ciclos lunares en los que el bebé crece y se fortalece en el vientre materno, las energías de ambos interaccionan como sigue:

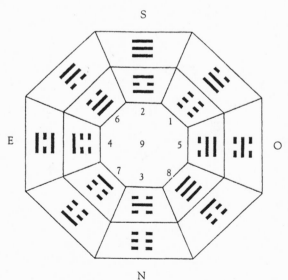

- En el lado externo encontrarán la disposición Yin de los kuas —que apareció con la mítica tortuga del río Lo—, la cual se refiere a la energía más lejana e impersonal y a las memorias del universo. Son los kuas que reflejan el mundo interior en el que vivirá el bebé durante el embarazo, así como el inconsciente de los padres.
- En el interior del octograma encontrarán la disposición Yang de los kuas —los símbolos del Kin Lin, el unicornio—, que se refiere a la energía más cercana a la Tierra, a los padres y a los acontecimientos cotidianos.[1]

Los equilibrios de ambos Pa Kuas durante la gestación influyen tanto en los padres como en el bebé. Especialmente, sus energías modelan la vida uterina al aportar los impulsos esenciales que establecerán las estructuras biológicas, físicas, mentales, emocionales y de comportamiento con un sentido no sólo único, sino también universal para el bebé.

Ejercicio

Observen los kuas durante un tiempo, sin importarles si recuerdan o no su significado. Para que sea más fácil, pueden estar en penumbra, acercando una vela al diagrama. Dejen que los destellos de la llama ayuden a que los símbolos kuas se paseen por su mente, que despierten a las imágenes y sensaciones interiores, que se combinen entre sí espontáneamente. Permanezcan en esta meditación el tiempo que les parezca necesario y agradable.

En este diagrama, entre ambos Pa Kuas hay múltiples combinaciones que se originan y reflejan las transiciones, los cambios, las estructuras, las energías y las memorias que se liberan y suceden para sustentar y desarrollar la vida.

[1] Los símbolos de ambos Pa Kuas se observan desde el exterior hacia el interior, para encontrar el orden adecuado de cada trigrama en sus respectivas posiciones en el octágono, y el de sus líneas Yin y Yang.

En el diagrama hay nueve números, que señalan la secuencia general del movimiento de los kuas durante los nueve meses de gestación; a su vez, estos nueve movimientos se agrupan en seis etapas, cada una de las cuales, con una duración diferente, tiene también un sentido peculiar, así como diversas aplicaciones particulares de feng shui. El contenido de cada etapa se presenta con una breve explicación de los acontecimientos uterinos, y posteriormente se sugieren distintas dinámicas y ejercicios de feng shui que pueden aplicar.

Es importante tener en cuenta que sólo están ante un esquema general de lo que sucede en las fases. Es sólo un mapa. Lo esencial de este proceso ocurre entre los tres, y ahí deben concentrar toda su actividad e ilusión. Tampoco tienen que tomar las dinámicas de feng shui como algo que deben realizar por imposición. En cada etapa pueden empezar por aquellos ejercicios que les parezcan más atractivos y fáciles y dejar que la propia intuición los lleve y les proponga lo siguiente.

La propuesta de feng shui que encontrarán es abierta; por tanto, pueden enriquecerla y ajustarla a sus necesidades personales. En la medida en que estén trabajando con los kuas y su universo simbólico, encontrarán nuevas maneras de aplicar el feng shui más ajustadas a su naturaleza. En algún momento, el vínculo con el bebé será muy claro e incluso propositivo: puede llegarles la imagen del color que le gustaría tener en su habitación, o un impulso por ver la Luna o por nadar y sentir la ingravidez del agua. No lo descarten porque es parte del lenguaje emocional que comienza a dar sus frutos...

Las seis fases del feng shui para el bebé uterino son:

- *La preconcepción*. Esta fase ya la conocen y saben cómo estimular la energía generativa que requiere (ver pág 103).
- *La concepción*. Es un periodo de siete días, que va desde la unión de las células masculina y femenina, hasta la implantación del óvulo fecundado en la matriz.
- *Después de la concepción*. Es un periodo de 21 días, que abarca el primer desarrollo del embrión.

- *La filogénesis.*[2] Es un periodo de 63 días, que abarca el tiempo de maduración embrionaria.
- *La fetal.* Es un periodo de 189 días, durante el cual los principales sucesos son el crecimiento fetal y la maduración de su biología esencial.
- Finalmente, *el nacimiento.* Es la irrupción del bebé al mundo exterior después de nueve ciclos lunares de embarazo.

[2] El origen y evolución de las especies.

La preconcepción (el tiempo previo)

Movimiento 1: kuas de Viento y Tierra

La preconcepción es una etapa importante para aquellos que desean tener hijos y piensan en que el momento se acerca. Es una fase en la cual se deben favorecer, en todos los sentidos, los cuidados de los padres. Si es posible, durante la preconcepción es recomendable realizar la dinámica de feng shui conocida como El viaje simbólico, que se detalla en la segunda parte del libro.

La preconcepción abarca desde el primer movimiento en el Pa Kua y está gobernada por la posición sudoeste, en la que el Kua de Tierra crea el ambiente receptivo y de encuentro, mientras que el de Viento permite a la pareja de amantes difundir y profundizar en esta sensación.

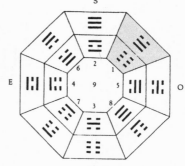

La concepción (primera semana)

Movimiento 2: kuas de Cielo y Fuego

CIELO   FUEGO

La concepción es el momento de confluencia de las energías cósmicas e individuales que fecundan al óvulo. Esta fase también se ha estudiado anteriormente, y aquí el feng shui no tiene mucho qué decir. Se debe ponerle pasión y hacer de ello un acto de entrega total de afecto y amor.

La concepción es el segundo movimiento de la energía en el Pa Kua. Los kuas que rigen esta fase son el Fuego —la esencia Yang que aporta el padre y el impulso por trascender a sí mismo— y el Cielo, o la esencia Yang que aporta el universo. Esta energía se adentra en la receptividad y la profundidad de la Tierra —el arquetipo maternal— para fecundarla.

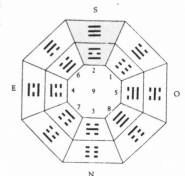

Después de la concepción (el primer mes)

Movimiento 3: kuas de Tierra y Agua

TIERRA   AGUA

La posconcepción es una etapa que durará un ciclo lunar, si integramos también la concepción. Es el tercer movimiento del Pa Kua, un movimiento claramente Yin, en el que se muestra un descenso vertical de la energía hacia las profundidades de la Tierra y la energía ancestral de la madre a través de los kuas de Agua y de Tierra.

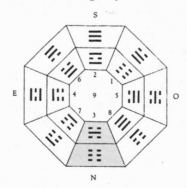

El Kua de Agua indica incursión en las memorias inconscientes de la madre-Tierra, el ámbito mitológico que el embrión experimenta con un gran ánimo de paz, de éxtasis oceánico, de trascendencia del espacio y el tiempo, de identificación con el espacio sideral y la madre naturaleza en todo su esplendor.

Con el tercer movimiento del Pa Kua se crea un eje, en el que la luz y el dinamismo del Cielo y del Fuego se adentran en las profundidades del Agua y la Tierra. Este movimiento se refleja también en el crecimiento del embrión, que tendrá un desarrollo longitudinal desde su extremidad cefálica, correspondiente a Cielo-Fuego, hacia lo que luego será la espina dorsal, Agua-Tierra. Todo este impulso sucede en el líquido amniótico que simboliza también el Kua de Agua.

En dicha etapa, el embrión percibe una intensa oleada emocional: la madre se entera de que está embarazada y el hombre sabe que se convertirá en padre. Algunos especialistas piensan que esta primera impresión deja una huella determinante según la reacción emocional que muestren los padres, ya sea por una alegría y aceptación sin límites, o por un rechazo o una posición ambivalente[1] ante el embarazo.

Feng shui

1. Es importante fortalecer la relación de pareja y manifestar los sentimientos cálidos y amorosos que acompañan a la gran noticia. Además, por unos días hay que dar presencia al Fuego en la casa. Pueden dejar las noches en penumbra en las diferentes estancias de la casa durante la noche. Enciendan una vela para contemplar su llama y hablen de sentimientos profundos —si tienen oportunidad de hacer fuego en una chimenea, será mucho mejor.

2. También resultará importante caminar descalzos sobre la Tierra o la arena de la playa durante este mes. Busquen un río o vayan al mar y báñense para jugar con las sensaciones de ingravidez en las que el

---

[1] Un gran número de abortos espontáneos que suceden durante el primer mes y medio de embarazo y que no tienen una causa fisiológica evidente pueden tener su origen en esta primera impresión, en la que el bebé uterino se siente rechazado y no se compromete con la vida.

embrión pasará las primeras semanas de vida. Intenten comprender su mundo (el mar uterino de la madre Tierra). Pueden bucear, sentir la ausencia de limitantes y la inmensidad del océano. Deben intentar experimentar una calma reconfortante... buscar en su universo interior el mundo de su bebé. Si no es factible llegar al mar, podrá servir también una piscina climatizada o un balneario de aguas termales... dejen que la imaginación los lleve.

3. Contemplen el cielo y las estrellas, pues de ahí deviene la fuerza del Kua de Cielo. Quizá sea el momento de hacer una primera aproximación a los posibles kuas personales de su bebé (el masculino y femenino) y estimularlos en las áreas correspondientes de la vivienda. Ya conocen los reguladores que pueden ayudar a estimular la energía propia de cada dirección personal.

4. Pueden conseguir una grabación de sonidos marinos y de cantos de ballenas y delfines. Cuando se vayan a dormir, dejen que la música los lleve a las imágenes submarinas... Intenten tener sueños acuáticos o estelares en los que aparezca su bebé. Para ello, pueden ayudarse viendo fotos de ballenas y ballenatos, de delfines con sus crías, de bancos de peces... o de nebulosas y fenómenos celestes, constelaciones, planetas, cometas... Conseguir todo este material es una tarea importante que puede realizar el padre, pues le permitirá iniciar el contacto y la fusión del mundo exterior y el mundo interior donde crece el bebé.

5. Su dormitorio es el ambiente primordial de la vivienda en esta fase. Conviene tenerlo en orden y en penumbra. También pueden usar velas e inciensos, creando una sensación lo más parecida a un sueño, un espacio lleno de sombras y reflejos de otro tiempo...

La filogénesis
(segundo y tercer meses)

Es una etapa que dura dos meses —63 días— y que corresponde al desarrollo embrionario. En el bebé empiezan a formarse las primeras estructuras físicas y emocionales. Durante este periodo, el embrión pasará de medir entre 7 y 10 mm a medir 2.5 cm y de pesar 5 gr a pesar 20. Empezarán a formarse el sistema nervioso y los pulmones, y el bebé deberá decidir su compromiso con la vida. Un útero amoroso y cálido ayudará, sin duda, a que este compromiso sea fuerte e intenso. El bebé podrá establecer un claro vínculo con los padres y muy directo con la madre, en el que encontrará una auténtica simbiosis, pero también con el padre, mediante su papel intencionado de puente entre el mundo externo y su universo interior y maternal.

Durante esos meses, la energía de la naturaleza fluirá hacia el útero por medio de las ocho direcciones, y cada elemento de la naturaleza ayudará a formar los órganos y las estructuras vitales.

Movimiento 4: kuas de Fuego y Trueno

Durante el segundo mes de embarazo, el bebé da un giro en su percepción: de los arquetipos y fuerzas universales que había vivido en las profundidades de la Tierra, hacia las de su especie, la humanidad. Es el cuarto movimiento del Pa Kua, el cual se inicia en el Este con los kuas del Fuego impersonal, que libera la herencia de los padres representada por el Kua de Trueno, los antepasados. En estos meses, el bebé recapitulará el proceso evolutivo de la vida, el origen de las especies y el linaje familiar. Su percepción estará abierta y se encontrará en un estado que se podría definir como *soñar despierto* —es decir, con conciencia— y enteramente abierto a las emociones maternales.

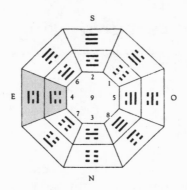

Feng shui

1. Es importante cultivar un buen ánimo en la pareja, lleno de comprensión y apoyo. En este mes puede ser significativo repasar la historia de los familiares paternos y maternos, contar historias y recuerdos y valorar los aprendizajes que obtuvieron de sus mayores. Si han realizado El viaje simbólico, muchas emociones negativas atrapadas en el árbol familiar habrán mejorado o se habrán suavizado; por tanto, valorar a estas personas tan cercanas podrá tener un maravilloso efecto aleccionador para todos.
2. Pueden ver —sobre todo en momentos de calma o antes de ir a dormir— fotografías de familiares y objetos que les pertenecieron; si no tienen este tipo de recuerdos, podrán intentar dibujar a sus padres y abuelos...
3. También pueden buscar imágenes e información sobre la evolución de la vida en la Tierra, sobre los primeros homínidos...
4. En este segundo mes será importante activar el área este de la vivienda: la de Trueno.

5. También será importante tener plantas en casa o prestarles una atención especial, hablarles o ponerles música; ir a los bosques y tener contacto con la naturaleza, pues de ahí saca su fuerza el Kua de Trueno.

Movimiento 5: kuas de Agua y Lago

Durante el tercer mes de embarazo, la fuerza del Trueno se desplaza hacia
el Oeste, y el Lago es apoyado por un movimiento hacia la profundidad: el Agua. Es el quinto movimiento en el Pa Kua.

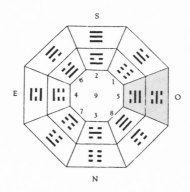

El Lago es una energía serena y tranquila, alegre. El movimiento
energético se desplaza de lo general a lo particular: el origen de la vida
se concreta y materializa en el desarrollo del bebé y su particulariza-
ción, la ontogénesis. El Lago es el despertar de los sentidos y la creatividad, un movimiento profundo por la presencia impersonal del Kua de
Agua rodeando la situación.

Feng shui

1. Durante esta fase es importante que estén dispuestos a transformarse
en "niños", en un sentido simbólico. Tienen que cultivar un ánimo
abierto a la espontaneidad y la sorpresa, a la capacidad para crear,
descubrir y aprender cosas nuevas. Se trata de no darlo todo por

hecho, de tener una vista más curiosa y unos sentidos más despiertos. Es un tiempo ideal para jugar en pareja y divertirse, incluso para hacer algunos cambios más informales y espontáneos reinventando su imagen.

2. Es un tiempo para recordar anécdotas de la niñez o de otros hijos si los tienen, incorporándolos plenamente al descubrimiento temprano de su hermanito (a). Pueden tocar recuerdos de su niñez —quizá sus primeros juguetes, cómo despertaron sus sentidos al mundo, a los olores, al tacto, a los sabores, a la visión, etcétera.

3. Puede ser interesante acariciar durante este tiempo objetos metálicos, de sensaciones agradables, pues con ello ayudarán al bebé que hace una contracción, un movimiento Yin que le permitirá consolidar sus estructuras físicas y emocionales. Para revitalizar esta energía de metal, también puede ser interesante fijar la vista en las figuras geométricas redondas u ovaladas que encontrarán en la calle mientras caminan. Sigue siendo importante el Agua, por la presencia de este kua en el quinto movimiento. Así, pueden idear experiencias también para jugar con el líquido elemento.

4. El área importante de la casa es ahora el Oeste, el Lago, que pueden potenciar mediante alguno de sus reguladores.

Etapa fetal
(del cuarto al noveno mes)

Esta etapa es la más larga, después de los movimientos agitados y acelerados de los primeros meses. Dura 189 días (seis meses), que abarcan el tiempo en el cual se produce el crecimiento fetal, consolidando sus funciones y órganos vitales. El eje vertical (Sur-Norte, Fuego-Agua) culminará con el desarrollo casi completo de la médula espinal, y con el cerebro y el sistema nervioso estructurados. La percepción del bebé en esta etapa sigue siendo abierta y simbólica y puede situarse en lo que sucede en el exterior, en los sentimientos y emociones de los padres. El bebé consolida un claro impulso a crecer expandiéndose.

Movimiento 6: kuas de Lago y Viento

Están ante el sexto movimiento de la energía en el Pa Kua, que corresponde a los meses cuarto y quinto y a los kuas de Lago y Viento. Una fuerza interior profundiza en el despertar de los sentidos y hacia una cosmología gozosa y amorosa. El bebé despertará al tacto al palpar y sentir los límites uterinos del vientre materno. En su mundo interior se definen con mayor precisión los primeros sonidos y se vislumbran las primeras luces en el exterior...

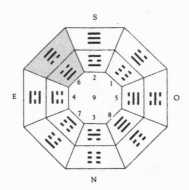

Feng shui

1. Ha llegado el momento de redescubrir los sentidos: pueden jugar y acariciar el vientre materno para ayudar a sentir al bebé; el padre puede jugar a producir sonidos armónicos y suaves cerca del vientre. Pueden conseguir un tambor para evocar el ritmo del corazón desde el exterior. La madre puede poner la palma de su mano sobre el corazón del padre para que el bebé escuche y sienta su música; pueden poner más atención en saborear los alimentos naturales; ir a un bosque a sentir la brisa o el viento sobre su piel para que el bebé sepa que esta fuerza también la conocen; ir a la playa y desnudarse para que el bebé pueda sentir el sol y sepa que afuera también hay un cálido corazón solar que nos cuida; entrar en el mar para que el bebé sienta que tiene también un océano infinito que podrá descubrir cuando nazca; imaginar y crear la sensación que les parezca más placentera para que la conozca su bebé, etcétera.
2. Durante los meses cuarto y quinto se puede estimular el área de Viento en la vivienda, en la dirección Sureste.

Movimiento 7: kuas de Trueno y Montaña

Están en el movimiento séptimo del Pa Kua, correspondiente a los kuas de Trueno y Montaña. Quedan cuatro meses para que el bebé alcance la culminación y la solidez. De hecho, el bebé podría nacer y sobrevivir al sexto mes, pero necesita tiempo para abandonar el útero. La madre puede llegar a sentir con más frecuencia los movimientos del bebé. Éste desarrolla cierta identidad, un pre-yo basado en el diálogo y el vínculo emocional con los padres. Empieza a tener conciencia de los límites y del origen de determinados estímulos y responde con movimientos. El bebé, por medio de los kuas de Montaña y Trueno, irá desarrollando su sentido de individualidad y soledad como ser humano.

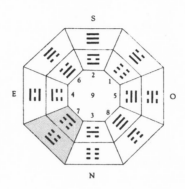

Feng shui

1. Ya es posible que se haya desarrollado un fuerte vínculo con el bebé. Así, en la etapa fetal tienen que pesar mucho más la intuición y sus sensaciones acerca de qué deben hacer...

2. Sin embargo, es un buen momento para que el bebé sepa que aunque el vientre de su madre se va haciendo cada vez más estrecho e incómodo —para ambos—, le están preparando un hermoso lugar en su vivienda, su útero exterior. Generalmente las parejas suelen empezar a arreglar la habitación del bebé en los primeros meses, limitando mucho la posibilidad de que aquél "opine". En los primeros meses de embarazo habrán visto que el niño está sumergido en cavilaciones de alta índole filosófica, y es poco probable que se entusiasme con un asunto tan mundano como el color de su habitación. Pero ahora ya sabe que están ahí afuera, esperándolo. Su viaje ha sido fascinante, lleno de aventuras y conocimiento, pero tam-

bién largo y cansado. Dentro de muy poco tiempo necesitará un lugar donde abstraerse en el significado de sus visiones, y sobre lo que hará con ellas...

3. Pueden empezar pintando en blanco la pared de su habitación; es como pasar a una hoja en blanco donde plasmar cualquier idea. Pueden hablar sobre los colores y aspectos decorativos de su habitación durante unos días. Observen lo que sueñan, qué mensajes les llegan de ese universo simbólico del que ahora también forman parte... Así, poco a poco, con un oído y una visión interior muy sensibles, podrán ver y escuchar las opiniones del bebé... y, por supuesto, también podrán decir la suya... no faltaba más...

4. El animal simbólico personal forma parte del mito del ser humano. Es una manera de representar la transición hacia los ritmos más rápidos del cerebro, hacia los ciclos que componen la realidad cotidiana. Los antiguos sabios dijeron que la conciencia dormía en la piedra y soñaba en la planta, que despertaba en los animales y tenía una impresión de sí misma en la humanidad. El animal personal es una manera de acercarnos al mito para despertar a una nueva percepción de las cosas.[1]

Los sabios antiguos idearon un sistema que integra 12 animales emblemáticos, que nos ayudan a conocer el mundo desde su peculiar manera de estar en él. Todas las culturas antiguas han tenido una forma de reconocer esta relación con los animales. Entre muchas otras cosas, también aportan una visión más ecológica del mundo, pues nos lleva a comprender su posición y a aceptar finalmente que en cada uno de nosotros cohabitan animales simbólicos, plantas y minerales, que son los elementos que dan vida a nuestro cuerpo y a nuestros sueños.

En la tabla siguiente pueden encontrar los nombres de animales personales que la filosofía tradicional china relaciona con el año de naci-

---

[1] El bebé tiene su percepción fluctuando en ciclos cerebrales lentos, más similares a las pulsaciones del reino vegetal que de los 8 a 14 hertzios de los ciclos que se atribuyen al reino animal.

miento; también pueden prever ahora cuál será el animal personal de su bebé:

El animal simbólico personal

Año	Desde	Hasta	Femenino	Masculino	Animal
1930	30 ene. 1930	16 feb. 1931	Montaña	Lago	Caballo
1931	17 feb. 1931	5 feb. 1932	Fuego	Cielo	Oveja
1932	6 feb. 1932	25 ene. 1933	Agua	Tierra	Mono
1933	26 ene. 1933	13 feb. 1934	Tierra	Viento	Gallo
1934	14 feb. 1934	3 feb. 1935	Trueno	Trueno	Perro
1935	4 feb. 1935	23 ene. 1936	Viento	Tierra	Jabalí
1936	24 ene. 1936	10 feb. 1937	Montaña	Agua	Rata
1937	11 feb. 1937	30 ene. 1938	Cielo	Fuego	Búfalo
1938	31 ene. 1938	18 feb. 1939	Lago	Montaña	Tigre
1939	19 feb. 1939	7 feb. 1940	Montaña	Lago	Conejo
1940	8 feb. 1940	26 ene. 1941	Fuego	Cielo	Dragón
1941	27 ene. 1941	14 feb. 1942	Agua	Tierra	Serpiente
1942	15 feb. 1942	4 feb. 1943	Tierra	Viento	Caballo
1943	5 feb. 1943	24 ene. 1944	Trueno	Trueno	Oveja
1944	25 ene. 1944	12 feb. 1945	Viento	Tierra	Mono
1945	13 feb. 1945	1 feb. 1946	Montaña	Agua	Gallo
1946	2 feb. 1946	21 ene. 1947	Cielo	Fuego	Perro
1947	22 ene. 1947	9 feb. 1948	Lago	Montaña	Jabalí
1948	10 feb. 1948	28 ene. 1949	Montaña	Lago	Rata
1949	29 ene. 1949	16 feb. 1950	Fuego	Cielo	Búfalo
1950	17 feb. 1950	5 feb. 1951	Agua	Tierra	Tigre
1951	6 feb. 1951	26 ene. 1952	Tierra	Viento	Conejo
1952	27 ene. 1952	13 feb. 1953	Trueno	Trueno	Dragón
1953	14 feb. 1953	2 feb. 1954	Viento	Tierra	Serpiente
1954	3 feb. 1954	23 ene. 1955	Montaña	Agua	Caballo
1955	24 ene. 1955	11 feb. 1956	Cielo	Fuego	Oveja
1956	12 feb. 1956	30 ene. 1957	Lago	Montaña	Mono
1957	31 ene. 1957	17 feb. 1958	Montaña	Lago	Gallo
1958	18 feb. 1958	7 feb. 1959	Fuego	Cielo	Perro
1959	8 feb. 1959	27 ene. 1960	Agua	Tierra	Jabalí
1960	28 ene. 1960	14 feb. 1961	Tierra	Viento	Rata
1961	15 feb. 1961	4 feb. 1962	Trueno	Trueno	Búfalo

Año	Desde	Hasta	Femenino	Masculino	Animal
1962	5 feb. 1962	24 ene. 1963	Viento	Tierra	Tigre
1963	25 ene. 1963	12 feb. 1964	Montaña	Agua	Conejo
1964	13 feb. 1964	1 feb. 1965	Cielo	Fuego	Dragón
1965	2 feb. 1965	20 ene. 1966	Lago	Montaña	Serpiente
1966	21ene. 1966	8 feb. 1967	Montaña	Lago	Caballo
1967	9 feb. 1967	29 ene. 1968	Fuego	Cielo	Oveja
1968	30 ene. 1968	16 feb. 1969	Agua	Tierra	Mono
1969	17 feb. 1969	5 feb. 1970	Tierra	Viento	Gallo
1970	6 feb. 1970	26 ene. 1971	Trueno	Trueno	Perro
1971	27 ene. 1971	14 feb. 1972	Viento	Tierra	Jabalí
1972	15 feb. 1972	2 feb. 1973	Montaña	Agua	Rata
1973	3 feb. 1973	22 ene. 1974	Cielo	Fuego	Búfalo
1974	23 ene. 1974	10 feb. 1975	Lago	Montaña	Tigre
1975	11 feb. 1975	30 ene. 1976	Montaña	Lago	Conejo
1976	31 ene. 1976	17 feb. 1977	Fuego	Cielo	Dragón
1977	18 feb. 1977	6 feb. 1978	Agua	Tierra	Serpiente
1978	7 feb. 1978	27 ene. 1979	Tierra	Viento	Caballo
1979	28 ene. 1979	15 feb. 1980	Trueno	Trueno	Oveja
1980	16 feb. 1980	4 feb. 1981	Viento	Tierra	Mono
1981	5 feb. 1981	24 ene. 1982	Montaña	Agua	Gallo
1982	25 ene. 1982	12 feb. 1983	Cielo	Fuego	Perro
1983	13 feb. 1983	1 feb. 1984	Lago	Montaña	Jabalí
1984	2 feb. 1984	19 feb. 1985	Montaña	Lago	Rata
1985	20 feb. 1985	8 feb. 1986	Fuego	Cielo	Búfalo
1986	9 feb. 1986	28 ene. 1987	Agua	Tierra	Tigre
1987	29 ene. 1987	16 feb. 1988	Tierra	Viento	Conejo
1988	17 feb. 1988	5 feb. 1989	Trueno	Trueno	Dragón
1989	6 feb. 1989	26 ene. 1990	Viento	Tierra	Serpiente
1990	27 ene. 1990	14 feb. 1991	Montaña	Agua	Caballo
1991	15 feb. 1991	3 feb. 1992	Cielo	Fuego	Oveja
1992	4 feb. 1992	22 ene. 1993	Lago	Montaña	Mono
1993	23 ene. 1993	9 feb. 1994	Montaña	Lago	Gallo
1994	10 feb. 1994	30 ene. 1995	Fuego	Cielo	Perro
1995	31 ene. 1995	18 feb. 1996	Agua	Tierra	Jabalí
1996	19 feb. 1996	6 feb. 1997	Tierra	Viento	Rata
1997	7 feb. 1997	27 ene. 1998	Trueno	Trueno	Búfalo

Año	Desde	Hasta	Femenino	Masculino	Animal
1998	28 ene. 1998	15 feb. 1999	Viento	Tierra	Tigre
1999	16 feb. 1999	4 feb. 2000	Montaña	Agua	Conejo
2000	5 feb. 2000	23 ene. 2001	Cielo	Fuego	Dragón
2001	24 ene. 2001	11 feb. 2002	Lago	Montaña	Serpiente
2002	12 feb. 2002	31 ene. 2003	Montaña	Lago	Caballo
2003	1 feb. 2003	21 ene. 2004	Fuego	Cielo	Oveja
2004	22 ene. 2004	8 feb. 2005	Agua	Tierra	Mono
2005	9 feb. 2005	28 ene. 2006	Tierra	Viento	Gallo
2006	29 ene. 2006	17 feb. 2007	Trueno	Trueno	Perro
2007	18 feb. 2007	1 feb. 2008	Viento	Tierra	Jabalí
2008	2 feb. 2008	25 ene. 2009	Montaña	Agua	Rata
2009	26 ene. 2009	13 ene. 2010	Cielo	Fuego	Búfalo
2010	14 ene. 2010	2 feb. 2011	Lago	Montaña	Tigre

Ahora que ya saben qué animal personal tendrá su bebé, pueden reunir información acerca de sus respectivos animales simbólicos. También pueden buscar fotos que los representen. Conviene recordar el papel activo que en estos temas debe desempeñar el padre, pues tiene como responsabilidad unir los dos mundos en experiencias concretas y beneficiosas durante estos meses; sin embargo, si a la madre también le agrada, no habrá ninguna objeción.

Con el paso del tiempo, los antiguos chinos asociaron determinadas cualidades y características a cada animal. Algunas de ellas son las siguientes:

- La rata: sociabilidad y alegría.
- El búfalo: equilibrio y tenacidad.
- El tigre: coraje e independencia.
- El conejo: pacífico, armonioso y sensible.
- El dragón: es "el loco" que posee el conocimiento y es vital.
- La serpiente: conquistadora e intuitiva.
- El caballo: tiene gran memoria y capacidad de expresión.
- La oveja: vive el presente, es realista y se halla dotada para el arte.
- El mono: está lleno de fantasía y equilibrio.

- El gallo: es sociable y cultiva su imagen.
- El perro: es leal, honesto e inteligente.
- El jabalí: le gusta la sencillez y tiene coraje.

Si bien las anteriores son las cualidades y características que se atribuyen a dicho grupo representativo de animales, la verdad es que entre ellos hay de todo, como en todas partes. Los sabios decían que lo importante era dar un rostro al animal personal; para ello, a veces se iban a la montaña con el fin de encontrarlo; pero como también hay animales mitológicos, es posible hallarlos en los sueños. Si centran de alguna manera su atención en sus tres animales simbólicos que los representan, sucederá con frecuencia que soñarán con ellos y entonces... por sí mismos comprenderán.

Explorar de esa manera el mundo mítico de los animales facilita que el bebé desarrolle ciclos más rápidos en su cerebro.

El nacimiento (el final de un ciclo de nueve meses)

Movimiento 8: kuas de Montaña y Cielo

El nacimiento es el octavo movimiento en el Pa Kua. Es un movimiento corto, pero tan intenso —o más— como el de la concepción. Los kuas que rigen este movimiento son la Montaña, la cual refleja todo el potencial del arquetipo de la Muerte, y el Cielo, el padre que recibe al bebé y es el encargado de deshacer el vínculo materno al cortar el cordón umbilical, finalizando con el universo interior del bebé.

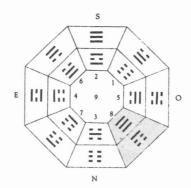

Aunque parezca extraño, nacer para el bebé es igual que morir. Durante la gestación ha realizado una recapitulación sobre la vida, y en el nacimiento experimenta la fuerza complementaria: la muerte, la gran transformación.

En un corto periodo, el bebé pasa de una relación íntima y armoniosa con su madre a sentir graves perturbaciones y tener que enfrentar una crisis de consecuencias imprevisibles: el parto. Todo comienza con las contracciones y presiones que ponen al bebé en contacto con el dolor drásticamente:

1. El bebé experimenta la tracción del mundo exterior como un sumidero cósmico[1] o como los primeros remolinos que sufrió el universo: un vértice o torbellino monstruoso engulle al bebé y su mundo; puede sentir que una bestia arquetípica lo devora —leviatanes, dragones, serpientes o arácnidos—; percibe un descenso al inframundo con visiones de seres sobrenaturales, las regiones de la muerte e infiernos mitológicos...

2. La etapa clínica del parto comienza con fuertes espasmos uterinos que impiden la llegada de oxígeno al bebé y que éste experimenta como una pesadilla claustrofóbica: hay una intensa constricción del espacio y percibe el tiempo extraordinariamente denso. En esta etapa, el bebé vive una crisis existencial en la soledad más absoluta, en la que la vida misma parece una farsa carente de significado, un teatro del absurdo... Inmerso en un terrible dolor físico y emocional, el bebé puede vivir estos momentos como el trance de personas, animales o seres mitológicos desesperados...; sin embargo, ésta es una fase de apertura de conciencia...

3. Este periodo corresponde a la segunda fase clínica del parto, a la expulsión del bebé a través del canal del parto una vez que se ha abierto el cuello del útero: el bebé experimenta presiones

---

[1] La siguiente descripción corresponde al modelo diseñado por el psiquiatra Stanislav Grof que ha denominado *matrices perinatales*, en las que relaciona los acontecimientos en torno al nacimiento con estados de conciencia míticos. Véase su libro *La mente holotrópica*, Kairós.

apabullantes, ahogo y sofocación, y entra en contacto con materias biológicas de la madre, como la sangre, mucosidades, orina o heces; el bebé experimenta una lucha o un combate por la supervivencia, como grandes batallas mitológicas... hay dolor, excitación sexual, agresividad y temor... También hay un encuentro con la fuerza arquetípica del Fuego...

4. La experiencia de muerte-renacimiento corresponde al instante del nacimiento biológico: hay una liberación explosiva y el bebé emerge a la luz, al mundo exterior, aunque se encuentra en una situación muy vulnerable, de extrema insuficiencia y debilidad. El bebé, en un corto tiempo, debe romper su dependencia de la placenta, modificar la circulación sanguínea, expandir los pulmones y llenarlos de oxígeno por primera vez, enfrentar el cambio de temperatura corporal... En este momento es importante restablecer el vínculo que se había logrado durante la gestación con los padres.

Esta intensísima vivencia que experimenta el bebé durante el parto puede compartirla la madre. A pesar del temor que suscite sólo pensar en esta secuencia vivencial, el bebé completa su aprendizaje al conocer la muerte como fuerza complementaria de la vida y como una corriente continua con la que finaliza un mundo interno, y la experiencia se abre otra vez hacia el infinito, hacia una nueva conciencia oceánica y sin fronteras, donde todo está por ser descubierto y recordado...

En lo relativo al nacimiento conviene reconsiderar las condiciones modernas en las que el bebé llega al mundo: un proceso que suele transcurrir en un hospital, en un ambiente demasiado frío, donde el personal sanitario lo manipula, donde en muchas ocasiones lo separan demasiado rápido y drásticamente de la madre, lo bañan y lo dejan más tarde en una sala inmensa, donde el bebé pierde la única referencia que poseía: sus padres.

Es recomendable naturalizar tal proceso: cuando el bebé llega al mundo en una situación muy vulnerable, deben mostrarle que el vínculo sigue ahí. Incluso, si el parto se prevé sin dificultad, es mejor que suceda en la propia casa, un lugar que el bebé reconoce y en el cual no perderá el contacto con sus padres. En cualquier caso, el parto natural en casa debe ocurrir bajo el atento cuidado de comadronas especializadas, que los ayudarán en todo el proceso.

En los momentos previos al nacimiento puede ser idóneo recrear un ambiente en penumbra y cálido, como el vientre materno. La luz de las velas o el fuego pueden ayudar.[2] Tras el nacimiento, no es prioritario cortar el cordón umbilical como se cree; muy al contrario, es un vínculo físico que debe cesar paulatinamente hasta que deje de pulsar, facilitando la transición al bebé. Mientras, el bebé puede haberse reencontrado con seres queridos en el abrazo del padre y la presencia de la energía del Cielo que lo recibe. También puede descansar y encontrar la paz en el pecho materno, escuchando una nueva perspectiva del sonido del corazón, la primera canción que oyó en el vientre materno...

No hay prisa para nada, los familiares y amigos que los acompañan pueden expresarle su alegría, pues el bebé siente intensamente todo lo que ocurre a su alrededor. Pero es importante tener en cuenta que esta alegría debe fluir en susurros, pues el bebé todavía no está acostumbrado a oír directamente, sin el filtro del vientre materno...

El recorrido por estas nueve lunas de embarazo estará en el recuerdo y la nostalgia de mamá, papá y bebé como un entrañable viaje, con todos los desafíos que implica viajar, pero, a su vez, con todas las gratitudes y sorpresas que se desvelan al transitar por los caminos del corazón de la Tierra y del Cielo. En todo este tiempo, el bebé sabía que lo esperaban y que ahora lo apoyarán. Y desde su infinita memoria también sabe que ha sido tratado con amor y el mayor de los respetos por su vida y sus experiencias.

A su vez, los padres culminan un gran esfuerzo, un recorrido durante el cual procuraron la ayuda de infinidad de ideas y recursos —entre ellos el feng shui—, desarrollando su inventiva y capacidad para vivir

---

[2] En distintos lugares del mundo y en diversas culturas ha existido la tradición de dar a luz en baños de vapor, hechos de barro, lodo o pieles, con piedras calientes que al ser rociadas con agua creaban un ambiente cálido y vaporoso mucho más similar al útero materno.

intensamente: tuvieron que afrontar algunas aristas y lagunas importantes de sus vidas, poner en orden su entorno y sus recursos, redescubrir y clarificar la relación con sus orígenes y con la naturaleza... pero, sobre todo, tuvieron que dar vida a tres nuevas existencias: a la del bebé y a la de ese niño interior que cada uno de nosotros guarda dentro de sí, esperando nacer a través de la espontaneidad y la felicidad.

Este logro de ser adulto y niño a la vez tiene consecuencias tan grandes como puedan imaginar. En un sentido práctico, su niño interior será el amigo del bebé, hablará su mismo lenguaje simbólico y metafórico, le propondrá juegos y aventuras que estarán dentro del universo de los niños; por otro lado, como el animal personal, el adulto comprensivo irá llevando de la mano con mucha suavidad el ingreso del bebé en el mundo cotidiano y adulto. Esta simbiosis entre madurez y niñez abrirá paso a una educación más flexible e íntegra, en la que la emoción y la sensibilidad no necesariamente se perderán por el camino, donde el flujo común y continuo de los acontecimientos no desaparecerá en un mundo de gente y objetos aislados y confrontados entre sí.

Cuarta parte
FENG SHUI PARA BEBÉS

El mundo exterior

El gigante Pan Gu había vivido desde los tiempos remotos en un mundo redondo, denso y cálido, un mundo interior que lo contenía tan bien como su piel. Pero en un instante, cuando en un descuido rompió el huevo que era su útero, nació a una nueva vida, una vida que debía desarrollarse en un espacio infinito, donde a Pan Gu la mirada se le perdía entre las luces y los movimientos de los astros.

Asustado y desconcertado por visiones tan tremendas e intensas, el gigante construyó un pequeño refugio con los restos de sus sueños, que se habían desparramado en aquel inmenso vacío. La vida interior de Pan Gu había sido suavemente fría y lenta, llena de ensueños e imágenes parecidas a las sombras chinas y a fugaces colores caleidoscópicos reflejados en las paredes de su mente, un mundo ensimismado donde él y el todo eran lo mismo.

El gigante, que nunca había considerado su tamaño, por primera vez se sintió pequeño e insignificante frente a la vastedad del universo que había descubierto. Había luces en el negro cielo y avasalladores movimientos, que saturaban sus sentidos hasta causarle dolor y miedo. Su mundo oscuro y apacible había desaparecido, y ahora él estaba en algún lugar desconocido, lleno de gases y traslaciones multicolores, donde no tenía la más remota referencia acerca de lo que veía, ni el más mínimo control sobre su cuerpo. Sin duda, era el sueño más alucinante en el que se había despertado nunca y al que sólo se acostumbró poco a poco, ocultándose en su improvisado refugio de tabiques y ramas interestelares.

Sin embargo, Pan Gu sabía que aquellas fuerzas colosales del Yin y el Yang que agitaban el universo eran sus padres. Percibía una suavidad exquisita en sus atrevidos movimientos, como para no lastimarlo.

En la plenitud del Sol celeste, Pan Gu identificó el chisporroteo rojo, anaranjado y calientito que percibía en sus sueños y que le hablaba de la inmensidad, la aventura y el cambio.

En los movimientos envolventes y amorosos de su madre, el Yin terrestre, el gigante sintió un tremendo alivio, sobre todo cuando el universo exterior se convertía en una sombra abominable que lo sumía en la agitación y el miedo. La Tierra lo envolvía entonces en una mágica manta de cometas y polvo de estrellas, y el gigante se dormía y encontraba la paz nuevamente.

Cuando el bebé nace y se queda sin el útero materno que lo cobijó durante los nueve pulsos lunares, se encuentra en una situación similar a la de Pan Gu cuando rompió el huevo. En el vientre materno, el bebé no era grande ni pequeño. Sus imágenes eran paisajes interiores que ya conocía y transitaba, a veces volando, a veces nadando, según los días y las estaciones emocionales que florecían en la biología del cuerpo de su madre. Todo lo necesario para la supervivencia del bebé estaba dentro de sí, en su mundo interior, pegado a su piel.

Durante los últimos meses de su gestación, el bebé uterino había comenzado a sospechar que ahí afuera había algo: lo sabía porque su padre y el Sol le habían calentado con sus manos de sentimientos y le habían narrado cuentos de agua, de barro, de fuego y de viento. El padre cálido y luminoso que le susurraba chispas rojas había viajado hasta su mundo, en el cuerpo de un tigre y un águila...

Sin embargo, el bebé nunca pudo sospechar la inmensidad del mundo del padre, del mundo exterior. Aunque conocía todo sobre la riqueza y la intensidad de la naturaleza materna con la que era una sola fuerza, en el mundo exterior todo acontecía veloz y vertiginosamente. Desde su nacimiento, todos sus sentidos se habían saturado de sensaciones que le hacían perder el control en un espacio demasiado extenso y dramático para él.

En esta intensísima transición, en la que el bebé había muerto para su mundo interior y había nacido al mundo del padre y del Cielo, se había dado cuenta de que tenía un pequeño cuerpo cuando rotaba sofocadamente por el túnel del parto para ser expulsado de su vida. También en ese tremendo deslizamiento hacia la muerte y la vida, el pequeño bebé había perdido sus símbolos interiores y sus referencias, y todo lo que le servía para navegar en los sueños y en su conciencia.

El Pa Kua Yin, que había latido en su pequeño corazón, organizando la vida como una maravillosa obra de arquitectura biológica, ahora se había fosilizado en su esqueleto y extraviado en las profundidades de la mente. El Pa Kua Yang, que la madre había filtrado por el calor y el agua de su vientre, ahora había entrado en el bebé hasta el núcleo de su ser con su primera inhalación. Y, lo que era peor, los nuevos kuas lo excitan y estimulan sin fin en este confuso choque de dos mundos.

Estos nuevos símbolos que se han quedado a vivir en su corazón son mucho más agitados y bruscos, y estaban totalmente decididos a llevarse al bebé, con su impulso, al extraño mundo donde viven sus padres. Ellos, intuitivamente cuidadosos como el Cielo y la Tierra lo fueron con Pan Gu, con sus arrullos, sus abrazos y caricias; además, con el polvo de estrellas que habían recogido meticulosamente durante nueve meses, le han preparado un cálido refugio con el fin de darle todo el tiempo que sea necesario para descubrir los secretos de este otro mundo.

Un nuevo cordón umbilical

En sus primeros días, el pequeño bebé ha requerido toda su habilidad para adaptarse a los embates del nuevo entorno. El vínculo que había establecido en el útero con sus padres (especialmente con su madre) se ha vuelto ahora más tenue y difuso. Si mueve sus manos cerca de su vientre, no podrá encontrar el cordón umbilical que le daba alimento, seguridad y conexión. Además, al pequeño aventurero lo devora cada cierto tiempo la ferocidad de las visiones desconocidas que le rodean. Por eso duerme tanto, como consuelo a su confusión.

Gran parte del trabajo del feng shui del bebé uterino tenía como finalidad, primero, crear un intenso vínculo emocional entre el bebé, el padre y la madre. El segundo objetivo era rodearse de todos los elementos para facilitar la transición en el vínculo, que se pierde durante el parto y tiene que restablecerse inmediatamente tras el alumbramiento. Este segundo vínculo es un nuevo cordón umbilical más sutil, hecho de emociones, receptividad y apoyo. Sin este segundo vínculo —que seguirá nutriendo de afecto y calor al bebé—, estaría perdido, se debilitaría y posiblemente moriría.

Durante el parto, el bebé pierde el vínculo y se encuentra solo, hasta que la fuerza activa y paternal del Cielo llega y toca al bebé por medio de sus padres en el exterior. En esos instantes, las estrellas, la Luna, los planetas y los cometas aguantan la respiración para que todo salga bien. Todo, absolutamente todo, quedará suspendido en el silencio hasta que el bebé llore. Sus pulmones se inflamarán por primera vez de una sensación chispeante que indicará que el aliento del Cielo ha llegado físicamente a sus pulmones.[1]

Con la llegada del aire, el Cielo da su particular abrazo al bebé y establece un vínculo claro y directo que durará toda la vida. El bebé uterino, que tenía una vinculación preferente con la energía de la Tierra, ya está en el mundo exterior, donde las cosas suceden bajo la mirada atenta de las estrellas y los planetas. El bebé sabe que estas fuerzas lo alimentarán, como lo hicieron con Pan Gu y como lo hacen con cualquier pequeña expresión de vida: sin reservas ni condiciones.

Pero ese apoyo incondicional del Cielo y de la Tierra es sólo una parte activa e impersonal del vínculo. Para que el bebé sienta que su nuevo cordón umbilical es seguro y receptivo, necesita restablecer el contacto con sus padres. Para ello, el padre recibirá a su pequeño con un abrazo suave, en el que se encuentren pecho contra pecho, corazón a corazón; es el remedio más indicado para reponer la fuerza del exte-

---

[1] Por ello, en el Pa Kua Yang, el Cielo se relaciona con la energía Metal, que circula por los meridianos del pulmón.

nuado y pequeño explorador al final de su viaje. También será reco-mendable que el bebé descanse sobre el pecho de su madre, en contacto con la primera música que conoció —las pulsaciones del corazón.

Parece que ese espontáneo y emotivo primer encuentro con el exterior sella definitivamente el vínculo con los padres biológicos y las fuerzas ancestrales de la Tierra y del Cielo. La intensidad y la eficacia de este nuevo cordón umbilical serán el resultado de lo que el bebé ha sen-tido en los primeros minutos del alumbramiento. Concretar este víncu-lo emocional inmediatamente entre los padres y el bebé, también en el exterior, parece que es fundamental para el desarrollo físico, emocional e intelectual del pequeño.

Nuevos y viejos símbolos

Durante la vida uterina, el bebé conoció en profundidad el lenguaje y el contenido de los kuas, especialmente los que se hallan en el Pa Kua Yin. Por alguna extraña razón que desconocemos, gran parte de la in-formación que el bebé experimentó le será velada y la olvidará durante el parto. Los sabios antiguos decían que se materializa en el cuerpo y pasa a las regiones de sombra de nuestra mente.

Dichos sabios pensaban que la vida era el camino que permitía recuperar esas visiones, con el transcurso del tiempo, para comprender cuál es nuestra posición en el mundo. Decían que así como en el uni-verso pulsa la fuerza Yin en busca de estabilidad, llegaba un momento en que había que abandonar la coherencia materna y trascender los límites cotidianos de la vida, para aventurarse en lo desconocido. Era el momento de usar la fuerza arquetípica y creativa del Kua del Cielo en toda su plenitud. Y éste era un impulso igualmente vital tanto en el universo como en la vida de cada quien: un tiempo para el Yin y otro para el Yang.

La relación con el Pa Kua Yin y sus símbolos es muy intensa en la vida intrauterina, pero cuando el bebé nace, se pierde rápida e inexora-blemente en sus primeros años de vida. Entonces el Pa Kua Yang y sus símbolos más rápidos se van apoderando de su vida cotidiana. El cerebro del niño pasará de pulsar los ritmos lentos o Yin propios de la analogía y el simbolismo, a madurar los ritmos rápidos Beta[2] —Yang—, propios de la mente analítica y disociativa de los mayores.

Durante los dos primeros años, ambos grupos de símbolos coexisten, porque el bebé los necesita para realizar una gran proeza: invertir sus sentidos y desplegarlos al exterior, establecer sus primeros contactos sociales y recrear nuevos paisajes mentales que, paulatinamente, le servirán como nuevas referencias para enfrentar el mundo Yang de los adultos. Los símbolos Yang ganarán una fuerza gradual y los Yin desaparecerán en el olvido entre los tres y los siete años de vida, y por lo general no volverán, hasta el último periodo de la vida antes de morir:

- El Pa Kua Yin se impulsará en su espiral en sentido contrario al movimiento de las agujas del reloj, alejándose y desapareciendo paulatinamente hacia el inconsciente.
- Por su parte, el Pa Kua Yang se impulsará en el mismo sentido que el tiempo y se irá consolidando en los sentidos y la mente del niño y en el entorno más inmediato.

Los antiguos sabios decían que a pesar de que ésta era una tendencia inexorable, se podía iniciar la aventura de rescatarlos de nuevo durante la vida y revertir este proceso que nos hacía olvidarnos a nosotros mismos.

Las siguientes propuestas de feng shui tienen como finalidad facilitar la transición del bebé a la vida de los adultos, usando para ello los símbolos kuas en sus primeros años de vida. Para los padres contienen el reto y la aventura a la cual se referían los antiguos sabios: localizar los kuas nuevamente y desenterrar su fuerza y vitalidad en la vida.

Estas aplicaciones de feng shui pueden ayudar a modificar una concepción de la educación, la cual, aunque bienintencionadamente, propicia que padres y educadores aceleren la pérdida de las imágenes del mundo interior del bebé, para integrarlo en una cultura unilateral que

---

[2] Son los ritmos del hemisferio cerebral izquierdo, el racional, que construye la sensación de realidad exterior y de individualidad e independencia frente al exterior.

sólo desarrolla la mente racional. Durante estos años, los niños pierden la intensidad de los sentidos y la visión integral de la vida, y se ven abocados a sostener una guerra frenética entre sus dos mundos.

En estos primeros años, los padres tienen la oportunidad de mantener la intensidad de los sentidos de sus hijos y de redescubrir los propios. De este modo, podrán recomponer la precaria y enfermiza división entre la mente y el cuerpo, que, sin pertenecer a nuestra naturaleza, nos arrebata la felicidad y la plenitud.

Según la leyenda de los antiguos sabios, la sensación que todos hemos sentido alguna vez de estar incompletos y permanentemente insatisfechos tiene su origen en la pérdida casi definitiva de los kuas Yin. El mundo conoció un largo tiempo en que el Pa Kua Yin gobernó en el universo hasta su estancamiento; después llegó el Pa Kua Yang y dinamizó extraordinariamente la vida y la percepción del tiempo. Pero este impulso en el que todavía nos encontramos se ha vuelto unilateral y frenético y parece devorar todo lo que encuentra a su paso. La antigua leyenda de los Pa Kuas refiere que en algún momento será necesario que los Kuas Yin y Yang se encuentren otra vez en el universo, para que surja un inédito equilibrio y un nuevo sentido de la vida. Quizá éste es el tiempo del que habla la leyenda...

La puerta de los sentidos

Pan Gu, tras la gran eclosión del universo, despertó del sueño en su pequeño refugio. Sabía que había despertado, pero tenía miedo a abrir los ojos y comprobar que le había sucedido algo sumamente extraño. Cuando Pan Gu se aventuró a entreabrir sus ojos, vio un fondo negro y estrellado surcado por luces multicolores; entre éstas había una nube roja y anaranjada que iba cobrando brillantez.

Pan Gu percibía la luz como una intensidad que se desplazaba tocando su entorno cercano, llegaba hasta las ramas de sueños de su cabaña y libraba su barrera por los espacios del aire. Los rayos se quedaron en las paredes y el cuerpo del gigante se fundió en el sonido caliente del Sol, que agitaba su interior agradablemente. Era un sonido rojo y llameante que tenía una textura suave con luz anaranjada y caliente. Pero aunque Pan Gu intentaba atraparla en definitiva, su visión todavía no estaba entrenada para cazar las fuerzas de su entorno.

Súbitamente, el gigante sintió que una fuerza rotaba en su espalda, como un remolino. Era una sombra negra que corría por su cabaña, extendiéndose como una mancha de tinta por la luz dorada del Sol. La mancha y la luz jugaban con un paisaje de sombras donde, a veces, asomaba un arco iris. Todo danzaba continuamente. Incluso Pan Gu formaba parte del movimiento. La danza, a veces, era luz y otras sonido o agitación. En segundos podía convertirse en una emoción apabullante o sufrir un súbito descenso en caída libre. Entonces, todo se llenaba de frío y miedo. Cuando esto ocurría, Pan Gu retiraba su mirada y esperaba que todo se calmara y se tornara más lento. Otras veces simplemente se dormía.

Nada de lo que el gigante observaba podía definirse en aquel tiempo. Nadie se había preocupado por dar nombres a las cosas, porque simplemente no existían. Todo estaba pegado y animado por el aliento del Sol y la humedad de la Tierra, en un flujo continuo. Este flujo ejercía tanto poder que ni el mismo Pan Gu se reconocía fuera de él.

Tuvieron que pasar algunos días siderales para que Pan Gu identificara aquellos fenómenos. Vio la imagen del Sol reiteradamente y, aún sin nombrarla, le dio un lugar en su memoria visual. Las paredes de su refugio se movían; pero, de manera paulatina, una sensación de familiaridad se apoderó de las visiones cercanas que obtenía cada vez que abría sus ojos a los colores danzarines y a las formas mutantes.

Pan Gu pasó mucho tiempo en su refugio, pues una fuerza le empujaba contra el suelo; pero descubrió que podía moverse y fundirse activamente con los flujos de luz y sonido. Cuando agitaba sus manos y sus pies, miles de haces de luz llegaban hasta el gigante y lo hacían vibrar, transportándolo a un universo de traslaciones y rotaciones extraordinarias. Pan Gu también aprendió a sostener la mirada en algunas partes concisas de sus visiones danzantes, y así encontró algunas formas, que también guardó en su memoria.

Poco a poco, el gigante fue explorando el mundo exterior, fundiendo su mirada atenta con sus sentimientos. Y, cada vez con más frecuencia, podía ver formas en su entorno inmediato y, al mismo tiempo, sentir los deslizamientos intensos en la lejanía.

Un día, Pan Gu se despertó muy agitado por un intenso dolor que recorría su cuerpo. Era un dolor quemante que laceraba todos sus sentidos; su cuerpo se sacudía, su respiración se volvió inquieta y todo adquirió una proporción grotesta y sin sentido. Pan Gu emitió sus primeros sonidos al vacío, que se disiparon a través de los agujeritos blancos de la mancha celeste. El gigante lloró desconsoladamente y así encontró un poco de alivio.

Ese dolor agudo le dio la certeza de que había un centro en su ser y de que ahí le dolía. Al llorar, la sensación de dolor salía y, con él, su nuevo sentido de identidad. El Sol y la Tierra, alertados por sus gemidos, buscaron a Pan Gu en el espacio sideral. El Sol llegó apresuradamente con la velocidad de la luz. Su madre, la Tierra, lo hizo a la cabeza de una serpiente de estrellas. El pequeño gigante bebió de la luz blanca que trajo la Tierra hasta saciar su sed. La Tierra lo mecía y el Sol evocaba un sonido amoroso y envolvente, en el que el gigante pudo confundirse y perder su precaria identidad, como en antaño. Todos sintieron gran alivio y emoción. Pan Gu bebió la luz de las estrellas hasta que desapareció su dolor —y con él su centro— y se perdió en una lenta y pesada somnolencia.

El fluir de los primeros meses

El bebé, en sus primeros meses, ve y siente el mundo tal como lo hacía el viejo sabio Shen Nung: como un flujo constante de fuerzas e intensidades, de sonidos, texturas y colores luminosos, de formas danzantes y nebulosas. El mundo del bebé es un sortilegio de energía, porque su percepción no tiene los límites sociales y culturales que tendrá que aprender en los años venideros. El bebé no puede definir las cosas, como tampoco podía definirlas el gigante Pan Gu durante sus primeros milenios, porque, para él, las cosas no tienen individualidad, ni nombre, ni significado, ni historia, ni propósito. Simplemente, todo es un juego de fuerzas e intensidades que se acercan o se alejan y que desaparecen cuando duerme.

Poco a poco, el bebé retendrá sus primeras imágenes visuales en la memoria y, con el paso del tiempo, podrá identificar y comparar algunas formas que destacan en su entorno inmediato: la cara de su madre, los barrotes de la cuna, la luz del sol en la pared, los colores de la cortina... Su visión será amplia y periférica. Por eso, las imágenes que captarán sus ojos carecerán de detalles y perfiles propios y de los elementos diferenciados, tan habituales en nuestro sentido de la realidad. Para el pequeño, el gran reto será aprender a enfocar y sostener su atención en un punto fijo de la visión. Poco a poco irá desarrollando la visión central que le ayudará a captar las formas y los objetos como entes separados, convirtiéndose en un pequeño aprendiz del laberíntico universo de los detalles.[1]

Las primeras experiencias del bebé son dramáticas y abismales, en especial cuando siente hambre y todo se derrumba. Quizá esta experiencia, junto con el deslizamiento por el canal del parto, perfilan momentos clave en los que el bebé siente que tiene un cuerpo diferenciado de su mamá y el entorno, un cuerpo con una extraordinaria capacidad para focalizar e incrementar sin parangón las emociones. El dolor que ya había conocido en alguna ocasión en el mundo acuático del útero y en el alumbramiento se presenta ahora periódicamente, para enseñarle a situar su centro y para darle las primeras clases acerca de los ciclos biológicos y el paso del tiempo lineal.

La madre actuará decididamente para amamantar a su bebé, como lo hizo la Tierra con su gigante la primera vez. Lo mece y acuna, dándole palmaditas en la espalda, tarareando una canción y llenando su boca de luz blanca de las estrellas de la Vía Láctea. Así como lo hizo la Tierra, las madres dejan fluir su intuición. Saben qué hacer y lo que ocurre en cada momento, porque son una con el corazón de la Tierra.

Durante los primeros meses, cuando el bebé es una burbuja de sentimientos que fluye con la energía de los astros, los padres deberán usar y desarrollar todas sus capacidades intuitivas para comunicarse con su hijo y averiguar qué le sucede y qué necesita. No hay forma más nítida y segura de hacerlo que sintiendo como lo hace su bebé. Este nuevo y ancestral lenguaje no puede aprenderse en ninguna escuela, sino que debe aprenderlo uno mismo. Ya está grabado en los kuas Yin y sólo hay que tener la firme decisión de aprender a hablarlo. Su sintaxis surge de los climas que habitan en la mirada y el tacto, de las emociones que viajan en los sonidos que acompañan a las palabras, y de los sentimientos que tocan al bebé de burbuja a burbuja energética.

---

[1] El bebé es un experto en la visión Yin periférica, la mirada que integra y funde las cosas. Por eso, muchos sistemas de yoga y meditación utilizan este tipo de visión desenfocada, para llegar a percibir la energía que fluye en el entorno. Estas disciplinas unen la imagen evocadora de "recuperar el niño interior" como símbolo para rescatar estos conocimientos globales que se persiguen en una edad tardía y que, de alguna manera, ya los habíamos tenido en la infancia.

Feng shui para
los tres primeros meses

A continuación encontrarán una serie de dinámicas de feng shui personal y para la casa. En esta primera fase, en el bebé predominan los sentidos que le permiten enfrentarse al mundo gigante al que acaba de llegar. Estos ejercicios tienen como finalidad generar la confianza del bebé al ponerlo en contacto nuevamente con muchas de estas fuerzas que le son afines y que ya conocía en su mundo uterino. Deberá aprender que dichas fuerzas ahora están afuera y son inmensamente grandes: el Sol, la Tierra, el Cielo, el Mar, los sonidos... Necesitará un poco de tiempo para asumir que el mundo ya no se concentra, sino que se expande.

Cielo, Lago y Naturaleza

Durante los tres primeros meses, el bebé está influido por los kuas de Cielo y Lago, la fuerza paterna y el despertar al mundo de los sentidos. El Kua del Cielo aportará el estímulo creativo para que el bebé inicie la exploración del mundo exterior —en todo momento, apoyado por su madre—. También tendrá que aceptar los estímulos cálidos pero a la vez retadores de su padre, con la finalidad de expandir sus sentidos más allá de su mundo interior. Para los padres estos kuas también indican que deben despertar el niño que tienen en su interior, esa parte capaz de hacer que las cosas sean simples, fáciles y directas.

Para hacer lo anterior, puede ser beneficioso potenciar las áreas de la vivienda del Oeste y el Noroeste —Lago y Cielo, respectivamente, en el Pa Kua Yang—. Pueden colocar en estas zonas alguno de los reguladores propios de la energía de Tierra o Metal: grandes macetones, esculturas de barro, loza o cerámica, móviles de barro, cuarzos, objetos metálicos redondos y plateados, móviles metálicos, etcétera.

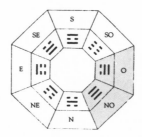

En lo que se refiere a la estimulación del Cielo y el Lago en el Pa Kua Yin —que ahora está en el interior y el inconsciente—, pueden hacer lo siguiente:

1. Dibujar en dos tarjetas dichos kuas en color plateado, rojo o negro, sobre un fondo blanco. El ejercicio consistirá en visualizar las tarjetas que hayan realizado durante los primeros tres meses de vida del bebé. Los tres tienen que visualizarlas, así que una buena idea puede ser enmarcarlas como si fuera un cuadro y colgarlas donde más les guste.

2. Otra sugerencia divertida puede ser pintarse los kuas en el vientre. Pintarse el cuerpo es una costumbre muy antigua, que desde tiempos remotos se ha utilizado para desarrollar agudos estados de atención.[1] En el caso que nos ocupa, pueden trasladar el Pa

[1] Pintarse el cuerpo era una práctica común y ancestral para cazar, luchar o incluso para abandonar papeles tradicionales y limitaciones, como sucede durante los carnavales.

Kua Yin al vientre, tomando el ombligo como punto central, y dibujar los kuas en sus áreas correspondientes: el Cielo al Sur (que en el vientre corresponderá a la boca del estómago) y el Lago al Sureste, que corresponderá al costado derecho. Pueden usar arcilla para pintar los kuas, o cualquier pigmento natural que no dañe la piel. El juego de pintarse los kuas mutuamente, además de estimular los meridianos antiguos, ayudará al bebé a desarrollar sus nuevos sentidos y su conciencia corporal.

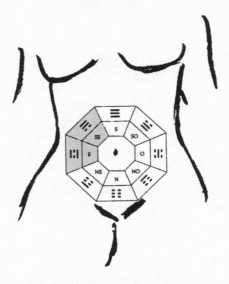

3. Pero si pintarse el vientre resulta demasiado atrevido, podrán jugar entre ustedes provocando sensaciones en estas áreas del Pa Kua en el vientre. La caricia o el masaje suave, el estímulo con una pluma o con el contacto de un objeto metálico (como una cuchara) o incluso otras posibilidades que sin duda descubrirán que son muy útiles para estimular los kuas.

Por último tendrán que "presentar" al bebé las cinco energías de la naturaleza. Para conseguirlo intenten que el bebé, en sus primeros meses, se reencuentre con las fuerzas que le dieron esencia y vida, por medio de ejercicios gratificantes y divertidos. Algunas propuestas son las siguientes:

1. Permitir que el cuerpo del bebé o sus pies descalzos toquen la piel cálida de la Tierra.
2. Ponerlo en contacto con las rocas —quizá en la playa o en la montaña— para que sienta la energía de Metal y pueda observar el azul del Cielo.
3. Preparar agradablemente la hora del baño, para que el bebé recuerde el mundo submarino donde vivió durante nueve meses. Quizá hacia los tres meses querrán bañarse con el bebé en el vientre marino de la Tierra: el mar o un río.
4. Salir de excursión a un bosque y dejar que el bebé duerma la siesta debajo de un gran árbol, para que sueñe la energía de Madera.
5. Mostrar al bebé la llama de una vela. Dejar que paulatinamente se acostumbre a los rayos del sol (con cuidado y de manera indirecta). Más adelante pueden presentarle el fuego en una chimenea.

La cuna y el universo

Así como Pan Gu construyó su pequeño refugio que le permitía mitigar las fuertes impresiones provenientes del universo, como padres tienen que dar a su bebé una pequeña guarida que lo cobije: la cuna.

Desde la cuna, el bebé irá percibiendo los cambios de luz con el transcurrir del día; los movimientos que se generen a su alrededor los notará menos violentos; los cambios de clima y temperatura serán atemperados ahí dentro. La cuna será el espacio inmediato en el que más tiempo transcurrirá el bebé durante sus primeros meses de vida.

En ese primer periodo, suele situarse la cuna en el dormitorio de los padres; por tanto, es recomendable que revisen las medidas armonizadoras de feng shui que se detallaron en el apartado referido a los dormitorios, en la primera parte (pág. 36). Además de estas indicaciones, tendrán en cuenta que no todas las cunas, por su diseño, pueden crear el entorno protector y maternal que el pequeño necesita en los primeros meses.

La cuna debe situarse fuera del trazado que se crea entre aberturas (puertas y ventanas), pues de lo contrario someterían al bebé a una presión constante y a un flujo acelerado de energía. También es recomendable que esté situada en el rincón más acogedor del dormitorio: aquel que en su ángulo de 90° no exponga directamente al bebé a la influencia de una ventana. Otros aspectos por tener en cuenta son que en la cercanía de la cuna no existan aparatos eléctricos que puedan generar campos electromagnéticos, así como que alguna de las paredes del dormitorio no comunique directamente con la pared del cuarto de baño.

Si aún no tienen la cuna, será preferible escoger un modelo que cuente con un cabezal completo y sin barrotes, protegido por un gorro acolchado que evite al bebé posibles golpes, así como corrientes de aire o cambios bruscos de temperatura o de luminosidad.

Para no bloquear totalmente la visión que el bebé tenga desde la cuna, es conveniente que se vea en los laterales entre los barrotes. De este modo, el bebé podrá explorar su entorno inmediato mientras está acostado.

El colchón más indicado será el compuesto de algodón y lana, similar a los futones japoneses, ya que proporcionará al bebé la comodidad que ofrece el contacto con las fibras naturales. También es importante que el colchón esté muy bien ajustado a las medidas de la cuna, para evitar que el bebé quede atrapado entre el colchón y el armazón. La ropa de cuna —sábanas, mantas, etc.— y los pijamas o camisolas, así como los complementos que están en contacto con la piel del bebé, serán preferiblemente de algodón, hilo, lana o cualquier otro tejido natural.

Según el kua personal de cada bebé, la cuna más conveniente sería:

1. *Para los bebés Trueno y Viento*, que pertenecen a la energía de Madera, las cunas de madera que se construyen en forma rectangular son excelentes. Pueden ser de madera barnizada o de colores preferentemente verdes y azules celestes o marinos. Estos colores pueden resaltarse en las sábanas, mantas y colchas. La forma de la cuna debe simbolizar un rectángulo sólido y tener alguna talla con flores u hojas. Las sábanas, mantas y ropa para dormir pueden ir cambiando sus tonalidades, pero preferiblemente en esta gama de colores.

2. *Los bebés de Fuego* también pueden seguir las indicaciones anteriores de los bebés de Trueno y Viento, aunque su color preferente será el rojo. De todos modos, han de considerar que el rojo y el negro, por ser colores extremos, deben tener una presencia no masiva, pues pueden ser contraproducentes. Además, la cuna podrá tener grabados o pintados pequeños rectángulos o triángulos.

3. *Los bebés de Tierra y Montaña* podrán tener cunas con colores amarillos, ocres, anaranjados o marrones. Las mismas tonalidades pueden usarse para la ropa de la cama; además, la cuna podrá tener grabados algunos cuadrados.

4. *A los bebés de Lago y Cielo* les estimularía más una cuna con estructura metálica y que puede ser blanca o plateada, aunque también los tonos amarillos y anaranjados de Tierra serían recomendables. El cabezal podría insinuar una forma redonda, ovalada o circular.

5. *Los bebés de Agua* también se verán estimulados por la energía Metal, como en el caso de los bebés de Lago y Cielo, pero su cuna metálica podría admitir formas ondulantes propias del agua. Los colores blancos, plateados y azules marinos serán muy adecuados.

La hora del baño

El agua es un elemento todavía muy afín al bebé, cuyo mundo era acuático hasta hace poco tiempo. Por eso, tienen que plantear la hora del baño no sólo como parte de los cuidados y de la higiene, sino también como uno de los momentos en que el bebé jugará y recordará su pasado. El agua le ayudará a sentir levemente la ingravidez y la fluidez.

El baño es un buen momento para que el bebé ejercite algunos movimientos y estimule sus sentidos con el agua templada que viajará desde la esponja hacia su cuerpo. También es un buen momento para estimular y masajear su piel, tanto durante el baño como al secarlo o aplicarle las cremas y cuidados de la dermis.

Los accesorios del baño y los pequeños juguetes acuáticos pueden tener los colores y las formas propias del kua personal del bebé.

Los sentidos

En sus primeros meses, los bebés tienen que aprender a focalizar sus sentidos en el exterior. Los estímulos excesivos los asustan y desvían su atención; pero si son muy suaves, no serán lo suficientemente intensos para atraerles.

Para estimular los sentidos de su bebé, pueden ser útiles las sugerencias siguientes:

1. Pueden crear en el dormitorio un mundo similar al de los sueños, que tanto gusta a los niños y que es el medio vital del bebé. Con unas velas, algunos papeles y filtros de color, pueden crear movimientos de luz y sombras que cautiven la atención del bebé, a la vez que estimulen el buen ánimo y las emociones, estados que el bebé puede percibir. La única precaución indispensable es no dejar jamás una vela encendida si no hay nadie más en la habitación.

2. También pueden ayudarle con sonidos como el de la sonaja[2] y el tambor, sonidos rítmicos y primarios que favorecen a las ondas lentas cerebrales, más propias del cerebro del bebé y

[2] Las sonajas se hacían inicialmente con la piel de las calabazas y sus semillas. Estas sonajas todavía hoy las usan los chamanes para incrementar la percepción.

muy limitadas en el adulto. La música suave también les gusta mucho.

3. Las texturas de las telas y de los pequeños objetos que están a su alcance pueden ayudar a estimular el sentido del tacto. También es muy importante el contacto físico que el bebé mantenga con sus padres; además, pueden acunarlo, abrazarlo, mecerlo y besarlo siempre que lo deseen.

4. Para estimular el sentido del olfato, puede ser interesante acercar al bebé cuidadosamente a la cocina cuando se preparen los alimentos, con el fin de que perciba los aromas suaves. También pueden quemar incienso de vez en cuando o usar esencias aromáticas para perfumar algunas estancias.

5. El sentido del gusto inicialmente se estimulará por el amamantamiento y se diversificará hacia los cuatro o cinco meses, cuando el bebé pruebe los sabores de las primeras frutas y cereales.

Todas estas indicaciones deben hacerse con prudencia e intuición. Tienen que estar atentos a las reacciones del bebé, para determinar si los estímulos sensoriales son los adecuados. Los cinco sentidos estimulan y fortalecen los órganos internos del bebé y facilitan la relación con las energías del entorno:

- Los sonidos suaves estimulan los riñones, la vejiga, la osificación y el sistema nervioso, a la vez que aportan energía de Agua.
- Los estímulos visuales y cromáticos favorecen el hígado, la vesícula biliar, los músculos y los tendones, a la vez que aportan energía de Madera.
- El tacto estimula la circulación, el corazón y el intestino delgado, además de aportar energía de Fuego.
- El gusto estimula el tejido conjuntivo, el estómago y el bazo y aporta energía de Tierra.
- Los aromas y olores fortalecen el sistema respiratorio, el intestino grueso y la piel, a la vez que aportan energía de Metal.

El mundo social

Un día, Pan Gu decidió ser más activo, por lo cual agitó con fuerza sus manos y pies. Sus gestos fueron tan grandilocuentes que, por primera vez, captó la atención del Sol. Fue su primera experiencia social del gigante: él y su padre, fusionados por el calor de sus miradas. Con su acción, Pan Gu había atrapado la atención del Sol, y él lo supo. Fue mágico: un diálogo de sentimientos sobre la nada. Excepto el hecho de sentir, nada tenía la menor importancia. El afecto que compartían era tan nítido y luminoso que se transformó en fuego. La leyenda dice que ese fuego se quedó a vivir en el centro del pecho del gigante. Y así se formó su corazón: del recuerdo de la mirada de su padre.

El gigante pasó tanto tiempo en su cabaña viendo las traslaciones de los astros, que un día quiso seguir el rastro de un cometa. Tuvo que contar con toda su audacia para girar boca abajo, doblar las rodillas, empujarse con sus manos y gatear, desafiando por vez primera la fuerza de la gravedad. De este modo, Pan Gu inició su singladura en el movimiento y éste cambió por completo sus visiones. Ya no sólo sentía las corrientes y las fuerzas de su entorno, sino también ahora viajaba con ellas.

Moverse le dio la posibilidad de tener nuevos puntos de vista so-bre una misma cosa. Así, las formas emergieron con toda nitidez y Pan

Gu vio en aquella geometría un nuevo lenguaje repleto de secretos de su madre, la Tierra. Con el paso de sus primeros milenios, Pan Gu aprendió a concentrar su atención y singularizar los sentidos. Con esta maniobra, adquirió la suficiente destreza para aclarar la nitidez de sus visiones, encontrar objetos y fenómenos individualizados, recordarlos y grabarlos en su memoria, y después evocarlos en su mente.

El gigante también aprendió a llamar la atención de sus padres, incluso la de algunos planetas y astros cercanos. Le tomó gran afecto a la Luna, que muchas noches se quedaba junto a Pan Gu mientras sus padres retozaban por el espacio sideral. La Luna fue la niñera de su infancia y quien le enseñó el poder de los sonidos. La blanca Luna le cantaba canciones de luz y sombras y le recitó los primeros poemas de amor. El gigante aún no sabía que aquellos sonidos también eran símbolos, pero en su música era capaz de encontrar emociones fascinantes y colores indescriptibles.

Finalmente, Pan Gu asumió que su existencia estaba separada de la de sus padres y la Luna. Pero también había descubierto que podía llamarlos y sentirlos sin más propósito que ver en el mar infinito que había en el interior de sus ojos. Esa visión marina resultaba fascinante y, aunque oscura, era como la esencia de un lejano y fugaz recuerdo. Por eso a Pan Gu le gustaba mirar en los ojos de sus padres, porque de alguna manera sabía que él venía de ese mar y que algún día también regresaría, muy ligero de equipaje.

El argumento de esta historia, que ocupó varios milenios de la larga vida del gigante, en la vida del bebé transcurre apenas entre el segundo mes y el año. El bebé intenta establecer sus primeros contactos con las personas más cercanas por medio de la mirada. Le gustan y le fascinan las caras, pero sobre todo le agrada el contacto directo con los ojos, porque, como el gigante, el bebé siente las olas del mar dentro de ellos.

Las personas adultas no acostumbran mirar dentro de los ojos de los demás, porque se asustan. Han olvidado sus orígenes acuáticos y sus kuas antiguos. Pero el bebé no tiene nada que ocultar, ni nada que defender. Ni siquiera tiene una identidad muy nítida, así que simplemente mira a los ojos de sus padres. No le importa el tiempo, pues no es un concepto operativo para él —al menos, en lo referente al tiempo lineal y constante que conocen los adultos—: "aquí y ahora" es todo lo que tiene y lo usa para mirar en la profundidad de los ojos.

El bebé sabe ver la energía y lee los sentimientos en los ojos que se asoman a su cuna. Ve directamente y en su mirar siente; por eso, con el transcurso de los meses, puede percibir lo que sienten las personas que se acercan. Aunque alguien le muestre una mueca risueña, el bebé sentirá que en realidad está triste y su tristeza se le contagiará. Cuando lleguen a su cuna unos ojos alegres como soles, su corazón se agitará y reirá. Si alguien está enfadado con él, se asustará.

Como Pan Gu, el pequeño iniciará sus traslaciones gateando, viajando en el cochecito o desplazándose a gran velocidad con el coche de los padres. Esto cambiará sus puntos de vista, afinará sus sentidos y los hará más selectivos. Del mundo de las fuerzas danzantes, el bebé también aprenderá a sacar formas e identidades, a recordarlas e identificarlas luego, creando así las primeras referencias de su mapa mental acerca del universo exterior.

Feng shui del tercer mes hasta el año

La Tierra y el Trueno

Los símbolos que rigen esta segunda fase, que abarca aproximadamente desde los tres o cuatro meses de vida del bebé hasta el año, son el Kua de Tierra y el Kua de Trueno. El símbolo de Tierra del Pa Kua Yin da al bebé la opción de mantener una relación deseada con sus padres, sin ritos sociales ni reglas. El Kua de Tierra también representa la nutrición: el bebé diversificará de forma gradual su alimentación incluyendo en la dieta frutas, cereales y algunas verduras en purés. Finalmente, el Kua de Tierra representa la energía del meridiano antiguo de Tierra, que ha estado especialmente activo desde el embarazo y que ahora entrega al pequeño su protección, el impulso inicial de relación social y la diversidad de sus frutos y cosechas: los alimentos sólidos.

Por otro lado, el símbolo de Trueno en el Pa Kua Yang indica que tanto el bebé como los padres han comenzado su etapa activa en la educación y la presentación de los códigos sociales y culturales, básicos para iniciar la paulatina y lenta incorporación del bebé al mundo de los adultos. Entonces iniciará la extroversión y la especialización de sus sentidos. Para ese tiempo, el bebé se habrá convertido en un pequeño cazador de formas e imágenes que extraerá de la energía en movimiento que lo envuelve; su cacería consistirá en aislar unidades perceptuales del flujo continuo de energía. Estas unidades de percepción crearán sus primeros paisajes mentales, que tendrán un nuevo espacio en su mundo interior.

Durante estos ocho o nueve meses que transcurren en la vida del bebé para acercarse a su primer año, es importante lo que sigue:

1. Estimular el área de Trueno en la vivienda, y el área del Este con reguladores de feng shui, como las plantas del interior, imágenes de la naturaleza, tallas de madera, pequeñas ramas secas de árboles que les hayan llamado la atención, móviles de bambú o caña, flautas de madera y fuentes o peceras. Recuerden que basta con usar un solo regulador, el que más les guste, y que debe ser situado intuitivamente en un lugar bien visible.

2. En este caso, el Kua de Tierra pertenece a su mundo interior (tanto para los padres como para el bebé). Es la energía que necesitan para ver a los ojos y dejar que el bebé los mire con transparencia. Pueden estimular este kua como sigue:

   • Elaboren una tarjeta con el Kua de Tierra, pintando el símbolo en un papel amarillo, en color oro o rojo. Tienen que ver este símbolo con frecuencia. Otra opción puede ser pintar el kua en una hoja de mayor tamaño y colgarla frente a la cama, de manera que puedan verla tanto al irse a dormir como al despertar por la mañana.

   • Jueguen, cada cierto tiempo, a pintarse el kua en el vientre con arcilla o pigmentos naturales. Si superponemos el Pa Kua Yin en su vientre o en el del bebé, el símbolo de Tierra quedará debajo del ombligo, en el bajo vientre.[1]

   • Masajéense la zona del Kua de Tierra en el vientre.

   • Realicen la posición del meridiano antiguo de Tierra: con los pies abiertos hacia el exterior (como los pasos de Charles Chaplin; véase segunda parte, pág. 84).

---

[1] Es la zona energética conocida como Tan Tien inferior, y corresponde a una proyección del punto Puerta de la vida de la zona lumbar hacia el vientre. Véase la ilustración de la página siguiente.

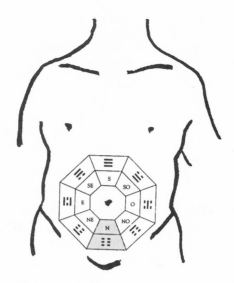

Las habitaciones de los ocho duendecillos

Los duendecillos, gnomos y demás seres mágicos que viven preferentemente en el interior de los hongos son el alma de las historias fantásticas más bellas que se conocen en todo el planeta. Y para el bebé duendecillo ha llegado el momento de ocupar su hongo: su habitación.

Ocupar un espacio propio en el mundo es la esencia de las relaciones y la interacción social. Preparar la habitación del bebé duendecillo significa otorgarle finalmente su espacio personal, tan necesario para su desarrollo en los próximos años. Probablemente, entre los cuatro y los ocho meses, los padres toman esta decisión. El mundo del bebé crecerá, como lo hará también su cuerpo. Su universo inmediato, limitado a la cuna y a la gente que llega, quedará atrás para aventurarse en un espacio mayor, y el mundo exterior se le abrirá con todas las posibilidades. A su vez, con la gente que le rodea, intentará captar su atención y establecer una nueva y fluida comunicación: las miradas, los sonidos, los gestos y las señales intencionadas.

Es el momento de armonizar con feng shui la habitación personal del bebé, quien quizá ya la conoce, porque lo habrán dejado ahí para dormir la siesta diaria. Conocen los gustos y "opiniones" de su bebé, saben intuir y dialogar con él, y ahora es el momento de ser tan creativos como audaces en su espacio personal. Hay ocho kuas y, por tanto, ocho grupos de bebés duendecillos. Como ya saben, la pertenencia a uno de los grupos la determina la fecha de nacimiento.

Si la energía del kua personal del bebé está bien representada en la vivienda, la habitación y el entorno, los acontecimientos tenderán a fluir con suavidad y plenitud en su vida. El hecho de que esta energía no esté bien representada no quiere decir que automáticamente se presenten las dificultades, como a veces se ha pretendido concluir. Pero la ausencia de la vitalidad del kua personal simplemente exigirá al bebé un esfuerzo suplementario que de otro modo pudo ahorrarse.

La carencia de la energía del kua personal en la vivienda por un largo tiempo puede provocar insuficiencias en la vitalidad individual, especialmente cuando se presentan momentos de agotamiento y enfermedad. En estos periodos críticos pueden notarse más los efectos de haber sido privado de la presencia de la energía del kua personal.[2]

En relación con el bebé, el kua personal es una abertura en su organismo por la que se relaciona con las cinco energías esenciales de la naturaleza. Estas energías, que llegan por medio de los meridianos principales en cinco grandes flujos —madera, fuego, tierra, metal y agua—, penetran a través de la burbuja del Pa Kua personal[3] mediante los climas y las ocho direcciones. Cada símbolo interior y cada área kua de la vivienda están especialmente activos en una temporada del año, que corresponde a una de las cuatro estaciones. Esta conexión es muy importante para el desarrollo físico y mental del bebé, al igual que para ustedes.

---

[2] Los kuas personales que se presentan en este libro simbolizan la energía relativa a un año, es decir, a las cuatro estaciones. No definen en toda su amplitud la configuración energética personal, que además tiene implicaciones diferentes para el lado izquierdo y el lado derecho del cuerpo, así como para el mes y la hora natal, entre otras. Sin embargo, este kua personal se considera en feng shui básico y posibilita introducirse en las configuraciones cíclicas de la geoastrología china.

[3] En este caso nos referimos al Pa Kua Yang, que se relaciona con los intercambios con la energía ambiental, mientras que el Pa Kua Yin alude a la energía ancestral y hereditaria.

Es significativo conocer los kuas personales de la familia, pues a partir de ellos y de la presencia adecuada de su energía ambiental en cada área, se pueden realizar nuevas regulaciones de feng shui que los beneficien. Para determinar el kua personal del bebé, si no lo han hecho todavía, tienen que consultar el cuadro de fechas que encontrarán en la tercera parte (pág. 109).

La información para las regulaciones

Encontrarán ocho apartados para crear los ambientes personalizados de su bebé en función del kua específico al que pertenecen. Son recomendaciones que deben aplicarse sin coartar la creatividad, el juego y las sensaciones provenientes del lenguaje intuitivo que han adquirido durante toda la aventura que ha significado concebir, gestar, alumbrar y cuidar un bebé. Las recomendaciones son un conjunto de acciones que tienen una intención energética: relacionar la vitalidad del bebé con un aspecto ventajoso: su propio kua.

En muchas situaciones no podrán reunir todas las condiciones óptimas para armonizar la habitación, pero no se preocupen. En la vida, ni su bebé ni nosotros, por lo general, podemos reunir casi nunca las condiciones más favorables; sin embargo, tenemos gran capacidad de adaptación y equilibrio. Por eso es importante en esta etapa usar también los kuas del mundo interior; de esta manera, el bebé podrá obtener la vitalidad para adaptarse y transformar creativamente las influencias desfavorables del entorno a través de su feng shui personal.

En cada una de las ocho habitaciones kua encontrarán información relativa a lo siguiente:

- Los colores más benéficos, que en cualquier caso, por formar parte también de una habitación dormitorio, deben ser suaves. Hay que tener especial cuidado en no abusar de los colores intensos y extremos (como el rojo o el negro) en todos los casos en que están indicados. Los colores se aportarán por medio de la pintura en paredes, el mobiliario, los complementos, los objetos decorativos y la ropa de cuna fundamentalmente.

- *Los materiales más óptimos*, relacionados con cada una de las cinco energías esenciales y que se aportarán con el mobiliario. Tampoco se trata de evitar otros materiales vinculados con otros kuas, sino sólo destacar los propios del área y darles una presencia importante.

- *Estimulaciones sensoriales del kua*: sonidos, aromas, texturas, sabores y colores más estimulantes para el bebé. Conviene aportar estos estímulos, pero sin excederse. En este sentido, los mejores estímulos para todos los bebés son: la voz de los padres, los abrazos y caricias, y el juego en complicidad.

- *Los reguladores más propicios para potenciar el kua personal*, relacionados con las cinco energías de la naturaleza y con su elemento generador.

- *Dirección propicia para el sueño y direcciones complementarias del kua*. Cabe advertir que la dirección personal no quiere decir que se deba forzar al bebé a dormir siempre en la misma orientación. Deben observar e intuir también los momentos en que puede ser beneficioso que el bebé explore nuevas direcciones, ya sea porque aparece atravesado en la cuna o porque ustedes lo presientan.[4]

- *Las áreas kua de la casa que deben estimularse*. En principio sería interesante que la habitación del bebé coincidiese con el área de la casa que representa su kua personal, pero esto en muchas ocasiones no es posible. Por eso se incrementa la energía de su kua en su habitación independientemente de su ubicación; además, es conveniente estimular el área que corresponde al kua del bebé en el conjunto de la casa.

- *Los climas y estaciones más favorables*. Cada kua tiene además un momento álgido estacional que conviene conocer, porque

---

[4] Acerca del sueño y las direcciones hay que tener una especial atención y seguimiento, pues los bebés suelen tener trastornos del sueño debido a alteraciones del subsuelo —de esto se habla en la primera parte (pág. 36)—. También el bebé, al ser más intuitivo, intenta escoger en los distintos momentos de su desarrollo las direcciones para el descanso que más pueden vitalizarlo.

entonces la energía propia del bebé será más activa y abundante. Es el momento en que cada bebé consolida sus progresos e incorpora nueva vitalidad para seguir su desarrollo. Conviene tener armonizada la casa especialmente durante su estación climática, así como potenciar su área kua de la vivienda, para ayudar a captar esta vitalidad en su mejor momento estacional.

- *Cuidados especiales.* En este apartado se comentarán las situaciones más desfavorables relativas a desequilibrios feng shui que podrían afectar o dificultar sensiblemente el desarrollo natural del bebé.
- *Juegos y juguetes.* En este apartado encontrarán ideas para seleccionar los primeros juguetes según el kua de cada bebé. El juego para el bebé es la manera más estimulante de aprender. No se trata de reducirse a estas indicaciones particulares, pues es conveniente que el bebé conozca todo lo que hay en su nuevo mundo, pero sí de procurarle también aquellos juguetes que pueden ser más fascinantes para él. Tampoco se debe perder de vista que lo importante es jugar en complicidad y estimularlo, y que los juguetes sólo son un medio para jugar con él.

Para finalizar, existen varios kuas que tienen una armonización similar por pertenecer al mismo flujo de las cinco energías esenciales de la naturaleza; están agrupados en tres parejas, a saber:

- Trueno y Viento, pertenecientes a la energía Madera-Primavera.
- Lago y Cielo, que corresponden a la energía Metal-Otoño.
- Tierra y Montaña, correspondientes a la energía Tierra en las transiciones estacionales.

La diferencia en la armonización de cada pareja está en la dirección personal, que se detalla en el apartado específico. Aquellos padres que quieran armonizar la habitación de sus bebés Viento, Lago y Montaña deberán remitirse a las recomendaciones generales que encontrarán respectivamente en los apartados de Trueno, Cielo y Tierra.

De lo anterior se concluye que ya pueden buscar el kua de su pequeñín e iniciar esta nueva aventura de darle su espacio y armonizarlo con su propia naturaleza.

El bebé Cielo

Este pequeñín tiene una conexión muy particular con la fuerza creativa celeste. Su mundo interior estará pletórico de dinamismo y resistencia; el bebé tendrá el tiempo a su favor y podrá desarrollar su potencial a través de una visión solidaria del mundo. Será extremadamente intuitivo y tendrá un gran potencial para comprender e interpretar el mundo interior por medio de los símbolos y los arquetipos. El Kua del Cielo representa el camino y el propósito de la vida, así como el arquetipo paternal, por lo que el bebé Cielo esperará el estímulo perseverante del padre para descubrir su propio potencial.

El dormitorio del bebé Cielo puede armonizarse como sigue:

1. *Color.* Es preferible el uso de tonalidades blancas, ya sea en las paredes o en las cortinas. Puede haber detalles significativos en tonos amarillos, anaranjados u ocres, que son la parte complementaria y generativa de la energía de Tierra. Estos colores pueden aplicarse a la ropa de cuna.

2. *Materiales.* Procuren que su cuna sea metálica, así como la parte de los componentes del mobiliario y los complementos, que deben seguir el mismo criterio en los colores.

3. *Símbolos.* Pueden adornar el techo del dormitorio con estrellas y constelaciones, pues todo lo celeste vitaliza y estimula a su bebé Cielo. También puede ser efectiva una cenefa con círculos plateados, o cuadrados de color oro.

4. *Estimulaciones sensoriales del kua.* Es recomendable instalar un móvil metálico y hacerlo sonar esporádicamente. También al bebé Cielo le estimulan las esencias aromáticas, por lo que pueden quemar distintos inciensos de vez en cuando, o llevar a aquél a la cocina mientras se preparan los alimentos. El sabor

picante con moderación —cuando se incluyan variedades de alimentos sólidos— y especialmente el sabor del ajo pueden ser buenos estimulantes para el bebé Cielo.

5. *Reguladores*. También pueden diseñarle un móvil con esferas plateadas y cristales facetados, para suspenderlos cerca de su campo de visión. Cuando la luz entre en la habitación, pueden compartir los juegos de movimientos y destellos luminosos que este armonizador desprenderá.

6. *Dirección de sueño*. Su dirección preferente para dormir es el Noroeste.

7. *Direcciones favorables*. En caso de no ser viable situar la cuna en su dirección preferente, el bebé Cielo podrá descansar en las direcciones del Suroeste, Oeste y Noreste. Cuando la puerta de la casa tenga una orientación Noroeste o una de las complementarias citadas, se considerará un aspecto favorable para el bebé.

8. *Áreas*. El área Noroeste, tanto de la vivienda como de su habitación, debe estar despejada, armonizada y potenciada con reguladores de Tierra o Metal.

9. *Estación preferente*. El otoño, especialmente el avanzado, es la estación en que la energía personal del bebé se encuentra especialmente estimulada.

10. *Cuidados especiales*. El bebé Cielo puede ser más vulnerable al verano, ante el exceso de calor o frío y de colores rojo o negro en su entorno cotidiano.

11. *Juegos y juguetes*. Al bebé Cielo le estimulan los juegos en los que se implique ver el cielo y también cuentos o juguetes en los que aparezcan animales y seres míticos. Los juguetes por excelencia para el bebé Cielo son las pelotas y las esferas. Piensen también en cuentos y dibujos en los que aparezca su animal simbólico.

Si se contemplan estos criterios y se aplican en búsqueda de un seguimiento y una observación atenta, los bebés Cielo serán estimulados y beneficiados por el feng shui.

El bebé Tierra

La cualidad de la energía de Tierra es dar forma y soporte a todas las cosas. Permite que las imágenes de la mente y la fuerza creativa puedan materializarse en algo tangible y práctico. Los bebés Tierra poseen el don de la simplicidad y la relación, cualidades en las que más adelante podrán apoyarse para desarrollar su potencial. La energía de Tierra es receptiva y cooperadora, por lo cual aquellos que están influidos por su kua tienen una especial virtud en favorecer el encuentro y la reunión entre las personas. La energía de Tierra es el arquetipo maternal, por lo que estos bebés esperarán el influjo estimulante materno para desarrollar su pleno potencial.[1] El Kua de Tierra simboliza también la naturaleza interior de cada quien.

El dormitorio del bebé de Tierra puede armonizarse como sigue:

1. *Color*. Mediante el uso de las tonalidades amarillentas, ocres o anaranjadas en las paredes y las cortinas. Pueden colocar detalles significativos en color rojo, propio de la energía generativa de Fuego. Los amarillos, ocres y anaranjados pueden aplicarse también a la ropa de cuna.
2. *Materiales*. La cuna del bebé Tierra puede ser de madera ligeramente rojiza o amarillenta. También es conveniente que en la habitación haya objetos decorativos de barro cocido o cerámica.
3. *Símbolos*. Pueden colgar un atractivo póster o cuadro de una vaca o de un buey —animales arraigados a la Tierra— o de la Tierra. Si tales propuestas no los seducen, también podrá ser efectiva una cenefa de cuadrados dorados, rojos o amarillos.
4. *Estimulaciones sensoriales del kua*. Pueden instalar un móvil de piezas de cerámica o barro y hacerlo sonar esporádicamente. Al bebé Tierra le estimulan las texturas diversas, por lo que se le pueden buscar distintos tipos de ropa de cuna de hilos que

---

[1] Tanto en el caso del bebé Cielo como en el de Tierra, los estímulos paterno y materno son esenciales para que estos bebés puedan desarrollarse. Pero no hay que confundir la estimulación con la sobreprotección.

presenten diversas sensaciones —rugosas, suaves, etc—. Otra manera de presentarle texturas será cuando comience a incorporar alimentos sólidos, ofreciéndole distintos tamizados en los purés. Los sabores suavemente dulces son los que más le benefician y los aportan las frutas y los cereales.

5. *Reguladores.* Uno de los reguladores adecuados para el bebé Tierra son las velas, que pueden prender en el atardecer y antes de acostarlo para incorporar luz y fuego al ambiente (el elemento generador de Tierra) —recuerden apagar las velas si se ausentan—. También pueden conseguir un cuarzo blanco o citrino que expondrán periódicamente a la luz solar para potenciar sus cualidades y estimular así la habitación del bebé.

6. *Dirección de sueño.* Su dirección preferente para dormir es el Suroeste.

7. *Direcciones favorables.* En caso de que no puedan situar la cuna en su dirección preferente, el bebé Tierra podrá ser compatible con las direcciones del Oeste, Noroeste y Noreste. Cuando la puerta de la casa tenga una orientación suroeste o una de las complementarias, se considerará una situación favorable para el bebé.

8. *Áreas.* El área Suroeste, tanto de la vivienda como de su habitación, debe estar despejada, armonizada y potenciada con reguladores de Fuego o Tierra.

9. *Estación preferente.* El final de verano es la época del año en que los bebés Tierra se sienten más estimulados. Es un corto periodo de 20 días que suele ocurrir en agosto.

10. *Cuidados especiales.* El bebé Tierra puede ser más vulnerable en primavera, al inicio de los cambios bruscos o nuevas etapas y cuando en su entorno hay exceso de color verde, azul o blanco.

11. *Juegos y juguetes.* A los bebés Tierra les gustan los juguetes más estables que la pelota, como los cuadrados o dados, que permiten hacer las primeros "castillos en el aire". También les gustará jugar en contacto con la tierra, pueden ayudarles a moldear tierra para que encuentren las formas como lo hizo el gigante Pan Gu. Piensen también en cuentos y dibujos en los que aparezca su animal simbólico.

El bebé Fuego

El Kua de Fuego da comprensión y conciencia sobre los acontecimientos. Representa el impulso que permite develar los secretos del mundo interior y del inconsciente. Los bebés Fuego suelen ser dinámicos y les gusta explorar y ser estimulados permanentemente. La energía de Fuego hace que estos bebés puedan crecer y desarrollarse fácilmente para adaptarse a los cambios y las transformaciones. La gran cantidad de energía Yang de que disponen los bebés Fuego puede ser su enorme ventaja, pero necesitarán aprender a controlarla, pues en caso contrario serán niños susceptibles a agitación y ansiedad significativas. Esta gran aportación de Yang también les hace ser especialmente curiosos y buscar de cualquier manera la superación y la trascendencia de las fronteras físicas y mentales de cada etapa.

La habitación de un bebé Fuego puede armonizarse como sigue:

1. *Color.* Con el uso de tonos azules y verdes suaves en las paredes, las cortinas y, si lo desean, en la ropa de cuna. Es conveniente incorporar algunos elementos decorativos en rojo, aunque este color no debe tener una presencia masiva.
2. *Materiales.* Su cuna debe ser de madera, así como el resto del mobiliario y los complementos, que deben seguir un criterio similar al expuesto en los colores.
3. *Símbolos.* Pueden colgar en la pared una fotografía del Sol. También puede ayudar una cenefa con triángulos dorados o con dibujos solares.
4. *Estimulaciones sensoriales del kua.* Pueden instalar en su habitación un móvil de bambú o de madera y hacerlo sonar esporádicamente. La luz, sobre todo la derivada de una vela o del fuego, es una influencia excelente para estos bebés. El tacto y el juego consistente en tocar y sentir las cosas también les favorece en especial, así como los sabores ligeramente amargos.
5. *Reguladores.* Al bebé Fuego le gusta la luz; por tanto, su habitación debe tener una buena iluminación. Pueden usar las ve-

las como reguladoras en el atardecer y en los momentos previos a dormirse. Seguro que disfrutará contemplando las luces y las sombras. Otro regulador que pueden usar es la esfera facetada, que situarán junto a la ventana, para que difunda sus destellos multicolores en el interior de la habitación.

6. *Dirección de sueño.* Su dirección preferente para dormir es el Sur.
7. *Direcciones favorables.* Cuando el cabezal de la cuna no pueda orientarse hacia el Sur, las direcciones compatibles serán el Norte, el Este y el Sureste. Cuando la puerta de la casa tenga una orientación sur o cualquiera de sus complementarias, se considerará una situación favorable para el bebé Fuego.
8. *Áreas.* El área Sur, tanto de la vivienda como de su habitación, debe estar siempre despejada, armonizada y potenciada con reguladores de Madera o Fuego.
9. *Estación preferente.* En el verano se encuentra pletórica la energía de estos bebés.
10. *Cuidados especiales.* El bebé Fuego puede ser vulnerable en invierno y a finales de verano, ante un exceso de frío o humedad y ante la abundancia de color negro, azul marino o amarillo en sus ambientes cotidianos.
11. *Juegos y juguetes,* en especial aquellos juegos que le permitan desplazarse dinámicamente y le propongan desafíos. Al bebé Fuego le gustarán todos los juguetes que tengan muchos colores y estímulos visuales, además de juguetes móviles como los carritos o triciclos. También deben pensar en cuentos y dibujos en los que aparezca su animal simbólico.

El bebé Agua

El Kua de Agua representa el mundo de las emociones, del inconsciente y de los instintos. Los bebés Agua son extraordinariamente intuitivos y perceptivos. La energía de Agua fluye hacia el interior, por lo que a los bebés de este kua les gusta explorar sus sueños y su mundo interior. Necesitan ser estimulados frecuentemente, para situar sus sentidos en el exterior venciendo su innata tendencia a la introspección. Parece que estos bebés no tienen miedo; incluso cuando comienzan a gatear, no les importa correr riesgos. Suelen tener gran capacidad para concentrarse, enfrentarse y sobreponerse a los impedimentos. El Kua de Agua representa el tiempo de concentración y trabajo, así como la fuerza arquetípica de la sombra y del otro yo. También es el principio del viaje simbólico de la vida.

El dormitorio del bebé Agua puede armonizarse como sigue:

1. *Color:* con una tonalidad global blanca, que la aporten las paredes y las cortinas. Puede haber detalles significativos en azul marino, incluso en negro —aunque este color no debe destacar intensamente—. Toda la gama de blancos puede aplicarse también a la ropa de cuna.

2. *Materiales.* Su cuna puede ser metálica, así como gran parte del mobiliario y los complementos que, además, deben seguir el mismo criterio en los colores.

3. *Símbolos.* Pueden buscar alguna fotografía del mar o dibujar en una de las paredes una simpática ballena para resaltar la fuerza del Agua. También ayuda a dibujar una cenefa con ondulaciones y círculos, en azul marino y blanco.

4. *Estimulaciones sensoriales del kua.* Estimular al bebé con el sonido de una pequeña fuente también puede ser recomendable; para ello, pueden conseguir una cinta con sonidos de olas de mar, fondo marino o animales acuáticos. Incluso pueden conseguirse inciensos con aromas de mar. El sabor ligeramente salado lo estimula, así como la penumbra o la oscuridad.

5. *Reguladores.* Pueden utilizar como regulador una pequeña pecera o un móvil metálico —que representa la fuerza generativa de metal.

6. *Dirección de sueño.* Su dirección preferente es el norte.

7. *Direcciones favorables.* Cuando no es viable situar el cabezal de la cama hacia el Norte, son complementarias las direcciones Sur, Este y Sureste. Cuando la puerta de la casa tiene una orientación norte o una de las complementarias, se considerará una situación favorable para el bebé.

8. *Áreas*. Debe procurarse que el área Norte, tanto de la vivienda como de su habitación, esté despejada, armonizada y potenciada con reguladores de Metal o Agua.

9. *Estación preferente*. El bebé Agua se encontrará especialmente vitalizado en invierno y con el frío.

10. *Cuidados especiales*. El bebé Agua puede ser más vulnerable hacia finales de verano —durante agosto, cuando la energía de Tierra está pletórica—, así como en lugares muy húmedos o en la primavera, o también ante un exceso de colores amarillos, ocres, anaranjados, verdes o azules en su entorno cotidiano.

11. *Juegos y juguetes*. Al bebé Agua le pueden llegar a fascinar los juegos durante el tiempo del baño, pues está en su elemento. Cualquier juguete que flote y que le permita recibir agua lo estimulará. Deben pensar también en cuentos y dibujos en los que aparezca su animal simbólico.

El bebé Trueno

La energía de Trueno despierta las cosas y las saca de su pasividad. Así, el bebé Trueno puede incorporar a su vida la velocidad del relámpago y su impulso estimulante para afrontar las situaciones difíciles mediante la excitación. El Kua de Trueno representa la fuerza arquetípica del maestro y, por extensión, tanto la educación como el aprendizaje esencial que el bebé recibe de sus familiares —así como en la infancia y la adolescencia, también de sus profesores—. Por ello, el bebé y el niño Trueno prestarán particular atención a las historias y conocimientos que le lleguen desde la experiencia concreta, además de la sabiduría que se trasmite directamente. Todas estas influencias cercanas y conocidas le ayudarán a conformar su imagen. El Kua de Trueno simboliza también el lugar y la dirección de cada uno en la vida.

La habitación del bebé Trueno puede armonizarse como sigue:

1. *Color*. Pueden utilizar una tonalidad azul y verde como el cielo y los colores de la primavera, en paredes y cortinas. Pueden

usar el negro o azul marino para algunos detalles, aunque estos colores deben pasar casi desapercibidos en el ambiente.

2. *Materiales*. La cuna del bebé Trueno debe ser de madera. También lo serán los muebles y los complementos del dormitorio. El mobiliario podrá tener el color natural de la madera o estar teñido en color verde o azul celeste.

3. *Símbolos*. Un árbol grande pintado en la pared, con los ojos grandes que aparenten sorpresa y una boca sonriente puede ser una buena manera de simbolizar la energía de Madera. Si la propuesta les parece demasiado atrevida, pueden dibujar dentro del campo visual del bebé una cenefa que presente formas rectangulares o con diversos motivos, como hojas o flores.

4. *Estimulaciones sensoriales del kua*. Pueden instalar un móvil de bambú o caña para hacerlo sonar de vez en cuando. También se le puede estimular con una grabación que reproduzca el sonido del viento y los pájaros en un bosque. La diversidad de colores impele a los niños Trueno, así como los sabores ligeramente ácidos de las frutas, pues ayudan también a fortalecer su energía madera.

5. *Reguladores*. Si la habitación es amplia, pueden colocar una plantita verde y pletórica para estimular la energía de Trueno.[1]

6. *Dirección de sueño*. Su dirección preferente es el Este.

7. *Direcciones favorables*. Cuando no es factible situar el cabezal de la cuna hacia el Este, deben usar una dirección complementaria, como el Norte, el Sureste o el Sur para el descanso del bebé.

8. *Áreas*. El área Este, tanto de la vivienda como de su habitación, debe estar despejada, armonizada y potenciada con reguladores de Agua o de Madera.

9. *Estación preferente*. El inicio de la primavera.

---

[1] Aunque existe la creencia de que las plantas son nocivas en el dormitorio, se ha comprobado que no es así. Sólo se debe tener la precaución de que el espacio sea amplio y se ventile diariamente; por lo demás, las plantas aportan calma y neutralizan los iones de carga positiva que existen en el ambiente y que causan estrés.

10. *Cuidados especiales*. El bebé Trueno puede ser más vulnerable en otoño y verano, así como ante el abuso de color rojo y blanco a su alrededor.
11. *Juegos y juguetes*. Al bebé Trueno le gustarán los juegos y juguetes sorpresivos, con grandes emociones y sorpresas. Deben pensar también en cuentos y dibujos en los que aparezca su animal simbólico.

El bebé Viento

La energía del Kua de Viento es sutil y suave, así como la fuerza que penetra en el corazón de los acontecimientos e intensifica la naturaleza propia de todas las situaciones. El bebé Viento será inquieto y no se conformará con una mirada superficial de las cosas, sino que buscará la manera de penetrar hasta el centro de las situaciones y los acontecimientos. La energía de Viento aportará madurez y estímulo constante; también es pletórica y, cuando está bien representada, estimula la salud.

La energía del Kua de Viento permite dotarse de plenitud y recursos para persistir en la aventura de la vida.

La armonización del bebé Viento, por ser en esencia energía Madera, se consigue con los mismos criterios propuestos en la armonización del bebé Trueno, salvo en la dirección personal, que en su caso es el sureste, y el periodo estacional, que corresponde a la primavera avanzada. Al bebé Viento le gustarán los juegos en los que "vuele", como los columpios.

El bebé Lago

La energía del Kua de Lago alcanza su plenitud como la fuerza arquetípica de la niñez y la infancia. Los bebés nacidos bajo la influencia de Lago suelen ser muy sensitivos, abiertos y alegres, cualidades propias de este símbolo. A los bebés Lago les agradan la libertad y la ausencia de restricciones, porque en ellos encuentran la fuerza creativa que los nutre. El Kua de Lago aporta los dotes de persuasión, inspiración y realización. Es la vitalidad implicada en los sentidos y el deleite por la vida.

La armonización de la habitación del bebé Lago, por ser propia de la energía Metal, sigue los mismos criterios que la armonización del bebé Cielo, salvo en la dirección personal, que en su caso es el oeste, y en el periodo estacional, que corresponde al inicio del otoño. Al bebé Lago le gustarán los juegos con teatralidad, en los que pueda desarrollar todos sus sentidos.

El bebé Montaña

El Kua de Montaña es una puerta hacia lo desconocido. El bebé y el niño Montaña contienen la energía de la esencia última de las cosas, aquellas que únicamente se encuentran en la soledad y en el mundo interior. Este bebé tendrá gran capacidad para la concentración, la quietud y el silencio interior. La energía de este kua representa al sabio solitario de las montañas; así, este pequeño sabio bebé de la montaña desarrollará una enorme capacidad para cerrar e iniciar etapas y ciclos de búsqueda personal, a la vez que podrá articular y clarificar experiencias pasadas, siendo éste su punto más fuerte y su gran ventaja.

La armonización de la habitación del bebé de Montaña se guiará por los mismos criterios que la del bebé de Tierra, pues ambos kuas pertenecen a la energía del planeta. Su dirección personal es el noreste, y su etapa estacional ocurre a finales de invierno (en especial durante 20 días, que suelen pertenecer a enero). Al bebé Montaña le gustarán los juegos intuitivos y de gran concentración, como los rompecabezas.

El gigante se puso de pie

Pan Gu estaba cada vez más confiado de sus recursos. Conocía muy bien la manera de llamar la atención de sus padres, e incluso la forma de mostrar sus preferencias. Había gateado en gran parte de la geografía cercana a su cabaña. Como no había dejado de crecer, en unas pocas gateadas había moldeado el terreno, casi por accidente. Cuando Pan Gu descubrió que podía influir, e incluso recrear formas en la Tierra, se mostró muy sorprendido e inició una prolífera etapa de juegos y exploraciones sobre los relieves y sus posibilidades. Lo que antes había sido un paisaje bastante plano, Pan Gu lo decoró con altibajos de su invención.

Pero la acción más arriesgada e inverosímil que realizó Pan Gu fue ponerse erguido y guardar el equilibrio por unos instantes. Pan Gu elevó su asombroso cuerpo y se mantuvo cerca de las estrellas, hasta que la fuerza de la gravedad se lo impidió. El gigante se desplomó y fue tan grande el golpe, que durmió varias decenas de años. Pero el recuerdo que le había dejado desafiar la gravedad y alzarse estaba tan vivo en su memoria, que se apresuró a juntar tierra y rocas del lugar para realizar una gran elevación en la cual apoyarse. El gigante hizo tantas montañas y de tal altura, que pudo apoyarse en ellas y desplazarse con facilidad por muchos miles de kilómetros, hasta que, por fin, un día se decidió a soltar su mano definitivamente de la pasarela de montañas y se mantuvo erguido por mucho tiempo.

Pan Gu era un gigante tan curioso que un día decidió abandonar las montañas y vagar por la Tierra, para descubrir y conocer otros lugares. Cuando se alejó de las montañas y vio en el horizonte aquellas puntas y picos majestuosos que había creado, Pan Gu lloró y se sintió inmensamente agradecido; pero su corazón viajero le llamaba y partió. Aquellas montañas quedaron para siempre en la memoria del gigante y en la misma Tierra. Se dice que las montañas que Pan Gu creó con sus juegos, que cobraron vida propia y le enseñaron el arte de caminar, fueron los mismísimos Himalayas.

El gigante viajó y aprendió a ver las imágenes desde distintas perspectivas y ángulos; así, los paisajes que encontraba en su camino se enriquecían y aparecían llenos de detalles que antaño no percibía. También su memoria fue creciendo y enriqueciéndose, hasta que en su mente surgió un nuevo paisaje mental lleno de intenciones, emociones e incluso de conceptos y pensamientos. Era un nuevo y fascinante mundo interior que el gigante había creado, completamente distinto del que poseía dentro del huevo.

Cierto día, para Pan Gu ya no fue suficiente trasladarse por la piel de la Tierra; así, decidió crear un nuevo espacio, más amplio e intenso. En el momento que ya conocen, Pan Gu reunió toda su fuerza y comenzó a crear su espacio entre la Tierra y el Cielo. Con sus manos empujó los astros hacia el infinito más insondable, de modo que ellos también se maravillaron, y con sus pies concentró la fuerza de la Tierra sobre sí misma, de manera que ella también pensó en dar nuevas formas de vida a la vida.

Durante los milenios que siguieron, el gigante moría de fascinación ante los juegos que el Cielo y la Tierra le proponían. Ahí, en búsqueda de las imágenes ocultas en el flujo continuo de energía, Pan Gu afinó sus sentidos con tal precisión que le permitieron encontrar, una a una, las cinco expresiones esenciales de la energía: la madera, el fuego, la tierra, el metal y el agua. Además de las explosiones emocionales que compartían en estos juegos, el Sol, la Tierra y Pan Gu crearon un código de sonidos que viajaban a través del espacio y del tiempo y que les servían para comunicarse a través de la distancia que ahora los separaba.

El pequeño bebé duendecillo está a punto de hacer la hazaña que realizó Pan Gu: ponerse de pie y desafiar la fuerza de la gravedad. Cuando el bebé logra hacer esto, no sólo repite la proeza del gigante, sino también resume el logro de la humanidad, que un día dejó de mover sus impulsos horizontalmente para explorar la verticalidad. En ese momento, el bebé logra establecer un nuevo eje esencial para su desarrollo energético y para ingresar paulatinamente en el universo de los adultos.

Los sabios antiguos dicen que esta pericia se logra cuando en el cuerpo de energía el bebé sitúa finalmente el kua de Fuego en su cabeza, y el kua de Agua en sus riñones y en la base de su columna. Es un eje muy inestable todavía, pero constituye la maniobra esencial que hace que un bebé deje de serlo e ingrese en la primera infancia, una etapa mucho más vinculada y comprometida con el mundo de los adultos. Es un tiempo en el que el niño, como Pan Gu, explorará su entorno inmediato e incluso lo abandonará para conocer lo que es el mundo exterior, donde ha nacido.

En ese caminar, el niño creará un mapa mental con sus recuerdos y emociones; además, se dará cuenta de que sus padres y quienes le rodean también tienen una mente y pueden compartir entre sí las imágenes que viven en cada mente. Con esto, el bebé, como Pan Gu, habrá obtenido un logro asombroso: empezará a buscar la manera de compartir sus imágenes interiores y se preocupará por los símbolos y el lenguaje. Meses después, sus sonidos, gestos y palabras le ayudarán a crear puentes de comunicación entre él y sus semejantes. También, como hizo Pan Gu, empezará a construir su espacio personal con sus imágenes y desafíos... Pero ésta es ya otra aventura, en la que el niño y el adolescente deberán tomar decisiones arriesgadas y, en su caso, usar el feng shui por ellos mismos.

Estimular los kuas de Fuego y Agua

Con esta última propuesta de ejercicio terminamos El viaje simbólico a través del feng shui por el mundo del bebé. Los kuas de Fuego y Agua son muy importantes y reflejan los cambios fundamentales que transcurren en la vida. De hecho, forman un eje permanente y constante que representa transitar por la vida con sus dificultades, peligros, logros y descubrimientos.

La relación entre estos dos kuas en el bebé es muy significativa durante el segundo año de su vida. En este periodo, el Kua de Fuego despierta su mente ágil y dinámica en un proceso de maduración constante, en el que se producirá un gran salto hacia los tres o cuatro años. A esa temprana edad, el niño empezará a interpretar el mundo y a contarlo con historias. Más tarde, hacia los siete años, culminará plenamente la integración al mundo de los adultos.

1. Hacia el segundo año de vida del bebé es recomendable estimular el Kua de Fuego en su habitación, en el subárea que se crea cuando sobreponemos el Pa Kua Yang en el centro de este espacio; lo encontrarán en la dirección Sur. Esta subárea se puede estimular con reguladores como las velas y el incienso. A lo largo del segundo año de vida pueden estimular esta subárea con la llegada de la Luna nueva, de manera que cíclicamente los kuas se activen y ayuden al bebé a consolidar el eje vertical, como lo hicieron las montañas con Pan Gu.

2. También, en la misma noche de Luna nueva, puede ser conveniente estimular el Kua de Agua como sigue:

   • Elaborar una tarjeta con el Kua de Agua, pintando el símbolo en blanco sobre un papel azul marino. Pueden poner en el campo de visión del bebé la carta en los días de Luna nueva.

   • Dibujar el Kua de Agua en el vientre del bebé con arcilla o pigmentos naturales. Si sobreponen el Pa Kua Yin en el ombligo, el Kua de Agua quedará en el costado izquierdo. (Véase la ilustración en la página siguiente.)

   • Masajear la zona del Kua de Agua en el vientre.

Aunque los ejercicios de los kuas de Fuego y Agua son específicos para el bebé, si quieren también pueden participar en ellos.

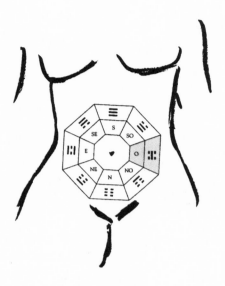

Epílogo

El gigante en realidad no murió, o al menos no como pensamos que debe ser la muerte. Pan Gu tuvo una vida tan plena y fascinante que cuando su fuerza vital se desintegró, su conciencia dio vida a su mundo interior, a aquellas imágenes que fue cazando y guardando en su memoria. El gigante no murió, sino sólo se hizo más grande de lo que ya era. Fue el regalo del infinito a la vida de Pan Gu, quien, a pesar de tener en apariencia un gran tamaño y una edad prodigiosa, no perdió el espíritu ligero del viento, ni la capacidad de asombro y maravilla del niño, como tampoco el coraje y el empuje del guerrero que, sin importar los tropiezos, levanta su mirada y la empuja hacia las estrellas.

Bibliografía

Daniel Santos, *Feng Shui for the Body*, Quest Books.
Daniel N. Stern, *Diario de un bebé*, Paidós.
Thomas Verny y Joan Kelly, *La vida secreta del niño antes de nacer*, Urano.
Eva Wong, *Libro completo de feng shui*, Gaia.
Eva Wong, *Taoísmo*, Oniro.
Harner, Halifax, Dossey y otros, *El viaje del chamán*, Kairós.
I Ching, El libro de las mutaciones, Buenos Aires, Edhasa/Sudamericana (versión de Richard Wilhelm).
Jes T. Y. Lim, *Feng Shui and Your Health*, Times Books International.
John Blofeld, *Taoísmo*, Barcelona, Martínez Roca.
John Blofeld, *I Ching*, Edaf.
José Manuel Chica Casasola, *El feng shui de la Tierra*, Grijalbo.
Joaquín Grau, *Anatheóresis*.
Mariano Bueno, *El gran libro de la casa sana*, Barcelona, Martínez Roca.
Marisol González Sterling, *I Ching y psicología transpersonal*, Edaf.
Roberto González y Yan Jinhua, *Medicina tradicional china (Canon del Emperador Amarillo)*, Grijalbo.
Stanislav Grof, *La mente holotrópica*, Kairós.
Stephen Karcher, *Cómo usar el I Ching*, Grijalbo.

Acerca del autor

Autor del libro *El Feng Shui de la Tierra*, inició sus estudios en acupuntura y medicina tradicional china en 1979 con maestros como los doctores Nguyen Van Nghi, Pablo Taubín y Radha Tambirasah, en medicina japonesa y shiatsu con Yuji Yahiro y en filosofía oriental con el doctor Jean Shatz. Fue diplomado por la Unión Mundial de Escuelas de Medicina Tradicional China, con sede en Beijing.

Miembro fundador de la APATC —Asociación de Profesionales de la Acupuntura Tradicional China—, de la que fue secretario general.

Dirige El Taller del Hábitat, centro de formación y asesoría en feng shui y geoacupuntura.

Investigador de la medicina tradicional de la Sierra Mazateca —al sur de México— como un proceso terapéutico y en búsqueda de la armonía personal, colectiva y multidimensional.

Actualmente imparte para especialistas en Feng Shui y geoacupuntura cursos y talleres en España y México.

Esta obra se terminó de imprimir
en julio de 2000, en
Editores Impresores Fernández
Retorno 7 de Sur 20, núm. 23
Col. Agricola Oriental
México, D.F.